文化创意产品设计及案例

第二版

张颖娉 主编

蒋艳俐 朱云峰 副主编

化学工业出版社

·北京·

内容简介

本书作为深入了解和学习文化创意产品设计的实用图书，全面而系统地阐述了文化创意产品的概念、类型、设计流程与方法，旨在引领入门级设计师逐步掌握设计精髓，成功完成自己的设计尝试。

本书具体包括四部分的内容。在基础理论构建部分，本书首先清晰界定了文化创意产品的概念，深入剖析了其文化内涵与创意价值，对其进行细致分类并介绍了各类文化创意产品，帮助读者建立全面的产品认知框架。在设计步骤详解部分，本书深化了"观"的内容，引导读者深入市场，洞察用户需求。同时，丰富了"思"的内容，引入了思维工具理论，以提升设计策略与创意构思能力。在"绘"的章节中，通过连贯的文化主题案例，展示了绘制技巧在文创产品设计中的具体应用，并新增了AI绘图技术的介绍，紧跟设计前沿。本书还介绍了当前文化创意产品设计的前沿知识，主要以当下体验经济为背景，结合具体案例分析文化创意产品设计的新发展。最后，在实战案例解析部分，选取多个具有代表性的设计案例，从设计初衷到最终成品，全程展现了设计师通过"观""思""绘"完成文化创意产品设计的路径。

本书适合设计师和相关从业人员、对文化创意产品设计感兴趣的人群阅读，也可作为高等院校艺术设计类专业的教材使用。

图书在版编目（CIP）数据

文化创意产品设计及案例 / 张颖娉主编 ；蒋艳俐，朱云峰副主编. --2版. -- 北京 ： 化学工业出版社，2025. 4. -- ISBN 978-7-122-47378-3

Ⅰ. G114

中国国家版本馆CIP数据核字第2025NC1521号

责任编辑：徐　娟　　　　　　　　　　　　　　版式设计：中海盛嘉
责任校对：宋　夏　　　　　　　　　　　　　　封面设计：王晓宇

出版发行：化学工业出版社（北京市东城区青年湖南街13号　邮政编码100011）
印　　装：北京瑞禾彩色印刷有限公司
787mm×1092mm　1/16　印张 12 1/2　字数 300千字　2025年4月北京第2版第1次印刷

购书咨询：010-64518888　　　　　　　　　　售后服务：010-64518899
网　　址：http://www.cip.com.cn
凡购买本书，如有缺损质量问题，本社销售中心负责调换。

定　　价：78.00元　　　　　　　　　　　　　　版权所有　违者必究

前　言

文化创意产品，作为文化创意产业中的璀璨明珠，是指该产业中产出的任何制品或制品的组合。从产品的最终形态来审视，文化创意产品巧妙地将文化创意内容与载体融为一体，二者相互依存，共同铸就了产品的独特魅力。文化创意内容，作为产品的灵魂所在，不仅赋予了产品深刻的文化内涵，还为其增添了独特的创意价值；而载体，则作为内容的桥梁，使文化创意得以具象化展现，与消费者产生直接的互动和情感共鸣。

自2020年本书第一版面世以来，文化创意产业的迅猛发展不断为我们带来新的视角和挑战。为了紧跟时代步伐，更好地适应市场需求和设计理念的变化，我们对本书进行了精心再版。再版的根本目的在于及时捕捉并反映文化创意产品设计的最新理念与趋势，同时优化教学内容，提升教学效果，为读者提供更加全面、前沿、实用的知识体系和实践指导。

在编写过程中，我们秉承精益求精的态度，在基本保留原有大纲的基础上，主要进行了以下几方面的修改和补充。

首先，在第2章，对部分原有的设计案例内容进行了精简和更新，力求为读者呈现更加精练、有代表性的案例。同时，为响应"乡村振兴"的号召，特别增加了乡村旅游文创案例，以生动展示文化创意产品在乡村振兴中的独特作用和巨大潜力。

其次，在第3章和第4章的"观"和"思"部分，增加了调研的方法和思维的工具理论讲述，以及相应的案例分析。这些新增内容可以帮助读者更好地掌握观察和分析的方法，为他们的设计实践提供有力的理论支撑和实战指导。

然后，在第5章的"绘"部分，将前两个小节的内容以一个文化主题案例的形式进行连贯讲述，使读者能够更加清晰地了解"绘"在文化创意产品设计中的应用和价值。同时，紧跟AI变革的大潮，增加了AI绘画在文化创意产品设计中的应用内容，使读者能够紧跟设计前沿，掌握最新的设计技能。

此外，第8章中还增加了多个设计案例的展示，帮助读者接触到更多不同类型的文化创意产品，拓宽视野和思路。

总之，本书在保留原有特点的基础上，进行了全面的优化和更新。相信通过阅读本书并加以学习和实践，读者能够更加深入地掌握文化创意产品设计的精髓和要义，提升自己的设计能力和创意水平。本书由苏州市职业大学艺术学院张颖娉主编，苏州市职业大学艺术学院蒋艳俐、南京工业职业技术大学艺术设计学院朱云峰任副主编，陆杨、姚琴芳参编。在此向提供优秀作品的同学们表示衷心的感谢，正是他们的辛勤付出和创意灵感，使得本书更加丰富多彩、生动有趣。同时，也要感谢所有支持和关注本书的专家和读者朋友们，你们的鼓励和支持是我们不断前进的动力。

最后，需要指出的是，文化创意产品的设计理念、设计趋势一直在不断地发展和变化。由于书中所能收集和整理的案例有限，加之编者的时间和水平也有限，书中难免存在遗漏和不足之处。我们诚挚地希望各位专家和读者朋友们对本书进行批评指正。

张颖娉

2025年3月

第 一 版 前 言

文化创意产品是指文化创意产业中产出的任何制品或制品的组合。从产品最终形态来看，文化创意产品包含两个相互依存的部分：文化创意内容与载体。

目前，文化创意产业在全球引起热潮并快速发展，已经成为很多国家经济发展的支柱。中国文化创意产业虽起步较晚，但发展迅速，并受到来自政府、企业等多方面的重视。高等艺术设计教育如何适应我国文化创意产业市场的需要，培养符合文化创意产业需求的人才，这是设计教育必须重新思考的新课题，也是我们编写本书的初衷。

首先，一个打动用户的文化创意产品与一个好的创意是分不开的。其次，只有合适的载体才能更有效地传播文化内容。但是载体所运用的工艺与材料并不一定是最先进的，可能比较传统，好的文化创意产品设计可以使传统的技术、材料焕发新的生命力。最终，"文化+创意+载体"使得一件产品附加上了超出用户期待的价值，让其心甘情愿地接受溢价。针对这一特点，为了让读者能够深入地了解并学会用市场规律调整设计思维，本书以案例为基础，站在学习者的角度来谈文化创意产品的概念、类型、设计流程与方法。通过设计过程中的"观""思""绘"三个步骤，系统且多角度地介绍文化创意产品的设计，培养读者与市场接轨的观念。每个章节都是以初学者的角度出发讲述相关知识、分析案例，上下章节之间都有连续性，每章最后还有"设计尝试"的提示，指导读者对本章的内容进行后续的思考和实践。

从古至今，语言有着自己的演变和发展历程，设计同样如此，文化创意产品设计就是一门传播文化的设计语言。和很多文化创意产品设计师一样，我也非常喜欢设计文化创意产品，并期望通过自己的设计，让更多人了解不同类型的中国传统文化。但是，想要成为一个优秀的文化创意产品设计师并不是仅掌握流程和方法就好，这一点我在书中也有提及。因此，通过本书，我将自己的教学心得和作品写出来和大家分享，希望能让大家少走一些弯路，找到努力的方向。

本书由苏州市职业大学艺术学院张颖娉主编，张鸣艳、蒋艳俐任副主编。书中选取了苏州市职业大学艺术学院部分学生的优秀作品，在此向提供作品的同学们表示感谢。

文化创意产品的设计理念和设计趋势一直在发展和变化，书中所能收集和整理的案例有限，加之编者的时间和水平也有限，难免有遗漏和不足之处，诚请专家读者批评指正。

张颖娉

2020年1月

目 录

第4章　从文化元素到文化载体——"思" ･･･････････････ **91**

第5章　从文化载体到文创产品——"绘" ･･･････････････ **106**

第6章　体验经济下的文创产品设计 ･･･････････････････ **117**

第7章　如何成为一名优秀的文创产品设计师 ･･････････････ **144**

第 1 章

认识文创产品

文创产品

文创产品（即文化创意产品），是指文化创意产业中产出的任何制品或制品的组合。从产品最终形态来看，文创产品包含两个相互依存的部分：文化创意内容与载体。进行文创产品开发前一定要注意其所包含的这两个相互依存的部分，以及它的开发特点。

在提出文创产品的概念以前，对应的是工艺产品和旅游纪念品的概念。前者的重点在于体现工艺的特点，后者的重点则在于体现地域的特点。实际上，很多时候旅游纪念品都演变为游客到此一游的证明，尽管各地域、各景区相隔千里，但是售卖的纪念品几乎一模一样。

许多人到了景德镇往往会买套瓷器，甚至有些人会为购买一套正宗的茶具专程来到景德镇。陶瓷产品既是一种工艺产品，同时也因为景德镇的千年瓷都地位，成为具有地域代表性的旅游纪念品。然而，大部分购买者不会去追究在景德镇购买的瓷器是否产自景德镇，这些瓷器也仅仅因地域本身而被赋予了特定的意义，唯一的证明只剩下瓷器底部的"中国景德镇"五个大字，如图1-1所示。

图1-1　景德镇出产的瓷器

实际上，在景德镇当地购买的瓷器中有很多来自福建德化和广东潮州、佛山等地。现在的景德镇就像是一个陶瓷产品集散地，最多的外来瓷器是德化瓷器。为什么会出现这样的状况呢？这是因为德化瓷器的成本远远低于景德镇瓷器，一只德化瓷杯的成本最低的仅几元，但是在景德镇，一个坯的价格都不止10元，原料成本和制作工序造成两地瓷器之间巨大的价格差。以制瓷原料为例，景德镇瓷器使用本地特有的高岭土，即制瓷最好的原材料。但随着世世代代的开采，高岭土的存量越来越少，原料价格就越来越高。从制作工序上讲，景德镇依然延续着传统的制瓷方式，72道工序丝毫不差，与其他大批量生产的机器瓷相比，成本就增加了，价格也就上去了。

然而，当文创产品替代工艺产品和旅游纪念品出现之后，它区别于这两者和一般产品的文化内容的创意设计就是其附加价值。对比德化瓷器的"物质"，景德镇目前依然坚持的传统制瓷的古方古法和匠人之心就是它的文化内容，再融入令人耳目一新的创意，便能区别于德化瓷器和其他一般的瓷器。

但是，文化创意内容无法独立存在，必须依靠载体而存在，而这个载体就是产品。因此，在进行文创产品设计前，必须先明确产品的概念。

◎ 1.1.1　产品的概念

产品到底是什么？对于这个问题的答案设计师和消费者好像都很清楚了，然而产品的概念和范围一直在变化并不断扩大。例如，随着时代的变迁，城市家庭书房里的家具陈设也发生了变化，这便是家具产品的改变。产品改变时，同时改变的还有人们的生活场景与生活方式。图1-2是苏州博物馆内明代书斋的陈设布置，与之相适应的是明代文人们的生活方式。

图1-2　苏州博物馆的明代书斋陈设

产品绝对不仅仅是有形的物品，还应是能够供给市场，被人们使用和消费，并能满足人们某种需求的东西。产品既包括有形的物品，也包含无形的服务、组织、观念或它们的组合。简单来说，"为了满足市场需要而创建的用于运营及服务"的就是产品。所以，当住宅场景与生活方式改变后，人们对书房的功能需求发生了变化，于是就有新的产品被设计出来以适应这种需求。如图1-3所示，随着生活方式的多样化和居住需求的个性化，越来越多的消费者开始接受并青睐"去客厅化"这一打破传统客厅布局的设计理念。整个客厅不再仅仅被视为一个摆放沙发、电视和茶几的单一空间，而是被视作一个完整且多功能的"产品"。这个"产品"的功能已经超越了传统的接待客人，转变为集阅读、学习、娱乐、休闲等多种功能于一体的生活中心。消费者对于客厅家具的选择也相应产生了变化，书架、书桌成为必备的家具，这些家具不仅要满足他们多样化的需求，还要能够与整体家居风格相协调。因此，"去客厅化"不仅是一种设计理念，更是一种生活观念的体现。

图1-3　去客厅化空间设计

◎ 1.1.2　文创产品的价值

了解所要设计的产品的概念，就可以明确文创产品的设计范畴。将文创产品的两个部分——文化内容的创意设计和载体进一步分为三个价值组成部分：一个是文化内容的价值，一个是创意内容的价值，再一个是载体（即产品）的成本。前两者难以量化，后者则要从有形载体和无形载体两个类别进行分析，有形载体的价值比较容易量化，而无形载体的价值不容易量化。由此，文创产品的属性可以分为两个方面：一方面是无法量化的文化创意的价值属性，另一方面是经济价值属性。

文创产品的价值往往取决于文化创意的价值属性。如苏州博物馆的文创产品衡山杯，采用文徵明的衡山印章图案作为文化元素，将印章图案应用在杯底，整个杯子的造型好似一枚印章。杯子材质选用汝瓷，以契合文徵明的文人气度，同时也符合苏州雅致的地域文化特点。因为文化元素源自衡山先生文徵明，其所代表的文化内容让这个杯子的文化价值得以提升；印章和杯子的结合又增加了其创意价值，这使整个杯子的价值远远大于材质本身的经济价值。这也就不难理解，为何相同材质和造型的杯子的售价远低于衡山杯，但销量不如衡山杯了，如图1-4和图1-5所示。

图1-4　苏州博物馆的衡山杯

图1-5　与衡山杯相同材质和造型的杯子

同样一杯咖啡，星巴克的咖啡比便利店里的咖啡价格要高出不少，但依然有很多人愿意买单。衡山杯和星巴克咖啡的例子还说明一个问题：如果说一般的商品是品牌使其有了差价，那么文创产品和普通产品的差价就是由其无法量化的文化创意的价值属性造成的。

那是不是意味着只要在普通的产品中融入文化创意的内容，就能使其立刻增值呢？同样以咖啡为例，咖啡既可以通过咖啡豆的质量来评价其优劣，也可以通过口感来判定其价值。对于文创产品也有标准去评价它的好坏，进而决定其价值，这个标准就是文创产品是否能准确表达相应的文化内容，创意是否新颖。

同一个文化内容中包含许多文化元素，表达的方式和载体也多种多样。例如同样是以"秦始皇陵兵马俑"为主题的产品设计，图1-6所示的产品中提取的是"秦始皇陵兵马俑"这一文化元素，并通过卡通人物形象表达这一文化内容，载体是手账本。文化元素和载体两者之间不存在相辅相成的关系，卡通人物形象的载体也可以是抱枕、杯子等。

然而，如图1-7所示，这是一个需要通过用户参与，进行挖掘才能完成的"秦始皇陵兵马俑"主题的文创产品。这种呈现是被精心设计出来的，是经过文化元素的创意组合的，"兵马俑"与"挖掘"这两个文化元素和载体相辅相成，与其他载体相比，这个由粉末包裹的兵马俑小摆件对于这件文创产品的文化内容表达具有不可替代性。

所以，文创产品的设计基础一定是文化本身，只有将文化内容表达得出彩，才具有其他产品所不可替代的价值。

图1-6　秦始皇陵兵马俑主题手账本

图1-7　秦始皇陵兵马俑考古挖掘玩具

1.2 文创产品的基础是文化

文创产品的
基础是文化

　　中国传统文化内涵丰富，这也是中国在历史发展过程中文化积累所形成的优秀成果，如被称作翰墨飘香的"文房四宝"——笔、墨、纸、砚，便是中国传统文化中的精品。在古代文人眼中，包括笔、墨、纸、砚在内的精美文房用具不仅是写诗作画的工具，更是他们指点江山、品藻人物、激扬文字、引领时代风尚的精神良伴。图1-8所示是中国古代书房布置和桌面器物。随着日常生活的审美普及，这种雅文化渐渐重新融入人们的生活中，体现在消费者对衣、食、住、行等日常需求的更高品质和内涵的追求上。总而言之，文创产品依靠蕴含其内的文化在众多产品中脱颖而出，受到消费者的喜爱。这些以中国传统文化为设计基础的文创产品也成为沟通传统与现代、维系外观和内涵的载体。

　　文创产品要实现文化内容的准确表达和传达，使消费者通过文创产品接收到准确的文化内容，得到文化体验，这是设计文创产品的基本要求。

图1-8　中国古代书房布置和桌面器物

◎ 1.2.1 文化是什么

在利用各种不同文化元素进行文创产品设计之前，我们还需要清楚文化的概念。"观乎人文以化成天下"，这句话出自《周易》，意思是在不同的时代凝聚价值观，融化人心，化育行为。"观乎人文以化成天下"强调的是文而化之，"文化"一词由此而来。

国学大师梁漱溟给文化的定义是：所谓文化，不过是一个民族生活的种种方面。文化可以总结为三个方面：精神生活方面，如宗教、哲学、艺术等；社会生活方面，如社会组织、伦理习惯、政治制度、经济关系等；物质生活方面，如饮食起居等。

关于文化的解释非常多，想要解释清楚文化，从200多种对文化的解读中找到准确的答案十分困难，就像徒手抓空气。因此，本书这样理解文化：文化是一种成为习惯的精神价值和生活方式，它的最终成果是集体人格。

所以说，文化的内容遍布在我们的日常生活中，而文创产品就是让消费者在日常用品的使用过程中感受文化，感受不同的文化内容、文化元素。

◎ 1.2.2 文化的分类

文化的类别非常多，按照不同分类标准有不同的结论。

（1）第一种分类方法：分为雅文化与俗文化

澄心堂纸作为中国古代的一种极为珍贵的宣纸产品，其制作工艺十分讲究。南唐后主李煜亲自监制的澄心堂纸是宣纸中的珍品，它"肤如卵膜，坚洁如玉，细薄光润，冠于一时"，从南唐到北宋，一直被公认为是最好的纸。用来进行书画创作的澄心堂纸，无疑代表了一种雅文化。

当宣纸作为剪纸的载体变为红色之后，其制造工艺也变得没那么复杂，并变得非常民俗化，成为人们生活中的文化元素，即俗文化。逢年过节少不了用它来剪窗花，婚庆嫁娶的时候需要用它来剪喜字，如图1-9所示。

图1-9　宣纸及民间剪纸

（2）第二种分类方法：分为物质文化和非物质文化

根据联合国《保护世界文化和自然遗产公约》中对物质文化遗产的界定，属于下列各类内容之一者，可列为文化遗产。

① 文物。从历史、艺术或科学角度看，具有突出、普遍价值的建筑物、雕刻和绘画，具有考古意义的成分或结构，铭文、洞穴、住区及各类文物的综合体。

② 建筑群。从历史、艺术或科学角度看，因其建筑的形式、同一性及其在景观中的地位，具有突出、普遍价值的单独或相互联系的建筑群。

③ 遗址。从历史、美学、人种学或人类学角度看，具有突出、普遍价值的人造工程或人与自然的共同杰作以及考古遗址地带。

以此为依据，现藏于四川省成都市金沙遗址博物馆的太阳神鸟金饰是文物，属于物质文化遗产。太阳神鸟金饰是2001年出土于四川成都金沙遗址的一张金箔，属商代晚期作品，整个金饰呈圆环形，金饰上有复杂的镂空图案，分为内、外两层。内层等距分布着12条旋转的齿状光芒；外层图案围绕着内层图案，由4只相同的逆时针飞行的鸟组成，如图1-10所示。

图1-10　太阳神鸟金饰

在古建筑群中，最为人所熟知的就是北京故宫，它是中国明清两代的皇家宫殿，旧称"紫禁城"，位于北京中轴线的中心，是中国古代宫廷建筑之精华。还有享有"甲江南"之誉的苏州古典园林，其历史可上溯至公元前6世纪春秋时期吴王的园囿。苏州古典园林数量众多，清末时城内外有170多处，是中国江南园林的典范。这两者都属于建筑群，亦属于物质文化。

而在中国历史上，激动人心的人造工程也为数不少，不只有用于军事防御的长城，还有如图1-11所示的都江堰等，都是非常重要的工程，也是富贵的物质文化遗产。在秦始皇下令修长城的数十年前，四川平原上就已经完成了一个了不起的工程——都江堰。其以年代久远、无坝引水为特征，成为世界水利文化的鼻祖。在战国时期，居住在岷江沿岸的人们每年都受到洪水的困扰，都江堰完成后，洪水不再发生，灌溉系统使四川成为中国最具生产力的农业区。它的规模从表面上看远不如长城宏大，却造福当地百姓千年之久。

图1-11　都江堰

《中华人民共和国非物质文化遗产法》规定：非物质文化遗产是指各族人民世代相传并视其为文化遗产组成部分的各种传统文化表现形式，以及与传统文化表现形式相关的实物和场所。非物质文化遗产具体包括以下几种：

① 传统口头文学以及作为其载体的语言；

② 传统美术、书法、音乐、舞蹈、戏剧、曲艺和杂技；

③ 传统技艺、医药和历法；

④ 传统礼仪、节庆等民俗；

⑤ 传统体育和游艺；

⑥ 其他非物质文化遗产。

以上述内容为标准，中国的神话故事、书法、甲骨文、昆曲、二十四节气、各地不同的民俗都属于非物质文化，图1-12和图1-13为中国两个极具代表性的非物质文化遗产。

图1-12　昆曲戏台

图1-13　檀香扇

（3）第三种分类方法：分为器物文化、行为文化和观念文化

所谓器物文化，是指物质层面的文化，是人们在物质生活资料的生产过程中所创造的文化内容，包括衣、食、住、行等方面。如汉民族传统服饰（后文简称汉服）、有着3000多年历史的中国传统拨弦乐器——古琴，分别如图1-14和图1-15所示。

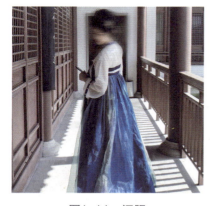

图1-14　汉服

图1-15　古琴

所谓行为文化，是指制度层面的文化，它反映在人与人之间的各种社会关系，以及人的生活方式上。如传统节日中的各种习俗：过年守岁、贴春联；端午节挂菖蒲、吃粽子；中秋节赏月、吃月饼等。图1-16所示是端午节人们挂在门前或屋檐下的艾草、菖蒲，以驱邪避疫、祈求平安；图1-17中店铺橱窗内陈列的是宋朝就已经出现的用来做月饼的月饼模。

图1-16　端午节习俗：挂菖蒲、挂艾草

图1-17　月饼模

　　观念文化是指精神层面的文化，它以价值观或者文化价值体系为中心，包括理论观念、文化理想、文学艺术、伦理道德等。图1-18所示是位于安徽宏村的一座祠堂，祠堂本身作为建筑属于文物，同时因其承载了诸多历史、人文和民俗等信息，所以它又包含观念文化。在很多祠堂的墙壁上往往挂着写有"家训""族规""家法"等内容的牌匾，其中包含以"忠信孝悌"为核心的中国传统伦理道德。除去其中的糟粕，还有诸多中华民族的传统美德，比如敬长老、孝父母、友兄弟、尊师长等。

图1-18　安徽宏村的祠堂

（4）第四种分类方法：分为饮食文化、服饰文化、建筑文化、地域文化等

① 饮食文化。中华饮食文化博大精深、源远流长、极具特点。

首先，风味多样。中国一直就有"南米北面"的说法，口味上有"东酸西辣，南甜北咸"之分，主要包括巴蜀、齐鲁、淮扬、粤闽四大风味。

有着"民以食为天"观念的中国人，几乎每逢佳节便会展开一场南北食物派系之争，端午争论应吃咸粽还是甜粽，肉粽还是豆花粽。到了中秋吃月饼，不但讨论吃咸还是吃甜，还要讨论五仁叉烧和白莲蛋黄哪个才是月饼之王，甚至连月饼的吃法也有差异，南方人吃月饼喜欢切开用叉子吃，而北方人却选择整个拿着吃，这从另外一个方面印证了中国饮食文化多样性的特点。图1-19所示是咸豆花和苏州特有的肉月饼。

其次，不时不食。中国人善于根据时节变化搭配食物，也就是所谓的时令菜，这些菜默默提醒着人们

图1-19　咸豆花和苏州特有的肉月饼

与万物平衡相处的安身立命之道。

除此之外，中国饮食文化还讲究食材与食具的搭配及和谐；还喜欢给食物取一些富有创意的名字，例如"炝凤尾""蚂蚁上树""狮子头""叫花鸡"等。

中国人不光在表面上讲究吃，更注重的是蕴含在饮食形式之下的对事物深层哲理的认知和理解。比如，婴儿百日时要赠送亲朋好友红蛋以表示祝福，"蛋"象征着生命的延续。

② 服饰文化。衣、食、住、行是日常生活中最重要的四件事，衣排在首位，而最能代表中国传统服饰文化的就是汉服。中国有礼仪之大，故称夏；有服章之美，谓之华。我们所说的"华夏"就有这样一层含义，所以汉服也称为华服，大体是"上衣下裳"的形式。之所以这样，主要是由华夏民族的农耕民族属性决定的，农民在地里干活干累了、出汗了，就可以很方便地把上面的衣服脱下来，这也是农耕民族与游牧民族的差别之一。当然，随着社会的发展，也出现了上下连体的汉服款式，如深衣、袍衫等，这些款式将上衣和下裳连为一体。但对于普通农民来说，"上衣下裳"的分体式样仍然更为常见。

除了形式上的特点外，汉服上的纹样也直接反映了人们的思想观念。不同的时代、形式和纹样共同形成了特定时代的中国传统服饰文化。

周朝实行分封制，遵循周礼，服饰也遵循着严格的等级制度。运用在服饰上的纹样是"十二章纹"，帝王的大裘冕可以印满所有的章纹，公爵印9种，侯爵印7种等。纹样不单是为了装饰，组成"十二章纹"的日、月、星辰、山、龙、华虫、宗彝、藻、火、粉米、黼、黻，每个章纹对应着一种美德，"日"对应着"光明"，"月"对应着"宁静"，"星辰"对应着"广布"，"山"对应着"稳固"，"龙"对应着"灵便"，"华虫"对应着"华美"，"宗彝"对应着"忠孝"，"藻"对应着"洁净"，"火"对应着"向上"，"粉米"对应着"务本"，"黼"对应着"果断"，"黻"对应着"明理"。

汉服发展到魏晋，服饰风格可以用清秀、洒脱来概括；到了唐代，正如"云想衣裳花想容，春风拂槛露华浓"的诗句，给人以丰美、华丽之感；而宋服则含蓄、严谨。

严格说来，服饰包含两个内容——衣服和饰物，上述内容主要是指衣服，而饰物的种类就更多了。"服"和"饰"通常是搭配出现的，如商朝的贵族身上有佩戴玉饰的习惯，统治者甚至制定了一整套的玉佩佩戴制度，用以区别阶级和等级。

郭沫若曾说过这样一句话："衣裳是文化的表征，衣裳是思想的形象。"中国传统服饰历经几千年的积累和融合，不断丰富和发展，形成了中国服饰文化系统。

③ 建筑文化。中国传统建筑反映了中华民族的居住方式，有着自己独特的体系和特点，与西方建筑和伊斯兰建筑并列称为世界三大建筑体系。

中国最早的史前建筑诞生在距今约1万年的旧、新石器时代之交，在原始农业出现之际，因为有了定居的要求而出现。在之后漫长的历史发展过程中，中国传统文化中"天人合一"的思想对其产生了重要影响。

计成在《园冶》一书中提出的传统造园基本原则："轩楹高爽，窗户虚邻；纳千顷之汪洋，收四时之烂漫。梧阴匝地，槐荫当庭；插柳沿堤，栽梅绕屋。结茅竹里，浚一派之长源；障锦山屏，列千寻之耸翠。虽由人作，宛自天开。"强调的就是建筑和自然完全融合的一种状态。以苏州园林中常见的花窗为例，计成在书中把它称为漏砖墙。漏砖墙用于园林时使墙面上产生虚实的变化，两侧相邻空间似隔非隔，景物若隐若现，富于层次，如图1-20所示。

图1-20　苏州园林的漏砖墙

再如徽州建筑，又称徽派建筑，是中国传统建筑最重要的流派之一，如图1-21所示。在选址上，村落一般依山傍水，住宅多面临街巷；建筑的外部造型上，层层叠落的马头墙高出屋脊，有的中间高两头低，黑白分明，勾勒出民居墙头与天空的轮廓线，增加了空间的层次感和韵律美。

图1-21　徽州建筑

④ 地域文化。无论是月饼的南北之争，还是苏州园林和徽州古村落的对比，都与中国传统文化中的一个重要分类有关，那就是地域文化。地域文化是文化在一定的地域环境中与环境相融合后形成的一种独特的文化。

文化中最具有代表性的便是方言，方言是一方水土所创造的语言文化，所以通过方言可以了解不同的地域文化和民俗现象。

不同地域的民间信仰和风俗习惯也会有所差异。妈祖是流传于中国沿海地区的民间信仰，妈祖文化始于宋、成于元、兴于明、盛于清、繁荣于近现代。民间在出海前要先祭妈祖，在船舶上供奉妈祖神位，祈求保佑顺风和安全。民间信仰有地方性的特征，离开这个地方就不再有存在的意义。

又如在山西晋南地区，新娘进门时不能直接从地上走，要从前后传递的铺在地上的红布袋上面走过，谓之"传袋"，"袋"谐音"代"，取"传宗接代"之意。这便是晋南地区特有的风俗习惯。

刺绣这一中国古老的手工艺术，也因为受到不同地域文化的影响而成为地域文化差异的一种体现。以秦岭、淮河一线为南北分界线，分为南绣和北绣。南绣以苏绣、湘绣、蜀绣、粤绣四大名绣为主；北绣以京绣、鲁绣、汴绣、晋绣等地方绣种为主。不同的地域孕育不同的刺绣风格，形成了各自独特的艺术特征，如图1-22所示。

图1-22　不同地域的刺绣工艺

地域文化的差异促使我们在设计有地域属性的文创产品时，一定要先了解当地的文化，这样做出的设计才能被此区域的消费者认同，同时也被游客接受。

中国传统文化的内容如此丰富多彩，为我们提供了大量的文化元素进行文创设计。但是，只有不断地提升设计师自身的文化修养才能精确地解读它们，以准确的方式、恰当的载体进行表达和传达。

文创产品的核心是创意

文创产品的
核心是创意

　　同样是以故宫文化内容中的元素设计的产品，十多年前为何没能吸引消费者，如今却深受年轻人的喜爱，真正成为传达故宫文化的有效载体？为什么现在不单单是年轻人，几乎男女老少都这么喜欢北京故宫博物院的文创产品？

　　因为创意！故宫文创真正地把创意融进了文创产品之中，而不仅仅是复制。北京故宫博物院有约180万件（套）文物藏品，这些藏品包含着大量的历史信息，都是工匠精神的体现，同时也是故宫文创的创意来源。故宫的文化元素触手可及，但是如果没有好的创意，或者说对文化进行的重构和再造没能以一个好的想法、好的形式呈现，设计便失了新意和吸引力。

◎ 1.3.1　创意的定义

　　创意究竟是什么？创意是对传统的叛逆，是打破常规的哲学，是破旧立新，是思维碰撞后得出的创造性想法，是不同于寻常的解决方法。我们常会说，怎么都想不出一个创意。创意的方法是否有迹可循？虽然创意不能按部就班地按照特定流程得出，但是可以从产品本身的属性方面着手，如手感、颜色、使用方式等。要常常拿在手上的东西很讲究手感，如与饮食相关的器皿等。中国的传统色彩光听名字就可以感受其内在的风雅，古人的创意令人赞叹。下面我们选几种颜色来分析一下。

　　竹月，这个颜色带给人们的是清冷的感受。读到"竹月"这两个字，应该会立刻在脑海中出现一幅画面——月色照竹林。对于很多人来说，这就是一种色彩，但是当它运用在不同产品和情景上时，会给人带来新的感受，毕竟满月的光和残月的光、洒在屋顶的瓦上和洒在竹林之中的月光所营造的意境还是有区别的。

　　天青色，想看到天青色唯有先等待下雨，所以有句歌词是"天青色等烟雨"。中国传统色彩往往都是先创造了有着新色彩的物品，才有了对此色彩的命名和后续运用。天青色最早出现的原因是后周的周世宗柴荣想要一个"雨过天青云破处，这般颜色做将来"般的颜色。他要的不是一个已经存在的色彩，而是要大雨过后，在云彩裂开的缝隙里的那个色彩。这个要求是很苛刻的，但也证明了古人在造色方面的出彩创意。后来这种色彩被运用在瓷器上，如宋代汝窑出了一种天青釉，其颜色清澈通透，似玉非玉。

　　如图1-23所示，中国色网站提供了各种中国传统颜色的名称，点击左侧的颜色名称，右侧就会显示颜色的CMYK值和RGB值，背景色也会切换成对应的色彩，这些色彩都可以成为创意的来源。

图1-23　中国色网站

除此之外，层出不穷的新技术和传统文化碰撞后非常容易产生好的想法。

再来看一下故宫文创产品，你可以发现其中很多好的产品都是解决了人们的痛点，大部分产品也都是日常用品。作为文创产品终究还是需要更多地研究人们的生活，研究人们生活的习惯，研究人们在生活中需要什么样的产品，研究文创产品如何能被大众消费者接受。文化与功能的巧妙结合是最佳的创意方案之一，可以潜移默化地将传统文化融入人们的日常生活。

◎ 1.3.2　创意的意义

创意作为实现文化价值和产品价值的主导力量，其最大的意义在于对文化的转化。它将物质文化与非物质文化中的文化，或者是其他分类方式中不为人了解的文化，以有趣的、消费者能够欣然接受的方式进行传达，使传统文化得到传承。不可否认的是，好的创意可以让文化传递，让传承的效率最大化，而差强人意的创意对于传统文化的准确传达则值得商榷。

例如北京故宫博物院所藏北宋画家王希孟绘制的《千里江山图》，画面峰峦起伏、烟波浩渺、气象万千、壮丽恢宏，山河之美一览无余。这幅画是众多文创产品应用的文化元素，但是设计师的创意方式却各不相同，文创产品的水平也有高下之分。如有应用刀模切割和四色热转印工艺，以天然橡胶和聚酯纤维防水面料为原材料将其制成桌垫的；也有如图1-24所示的木胎漆器迷你屏风摆件。这两款文创产品都是纯粹

图1-24　《千里江山图》迷你屏风摆件

地以复制原画画面的形式应用在产品之中。还有如图1-25所示的手表，设计师将《千里江山图》画卷的局部小景移入表盘，抬手间，目光所及处便是旧时壮美河山，借由指针的游走告诉人们随着时间流逝，这幅画卷定格为永恒。比起桌垫贴图式的运用，手表的创意算得上是略胜一筹。图1-26是将《千里江山图》与苏绣结合，运用在团扇扇面上。产品的出彩之处不在于图案的选取，而是纯手工的刺绣工艺。刺绣让每把团扇的扇面都成为独一无二的存在，当它们到达每个消费者的手中时，就有了"千人千面"的效果。当这样的团扇作为汉

图1-25　《千里江山图》手表

服饰品被消费者使用后，这幅定格的《千里江山图》仿佛活了起来，又融入了当下的壮美河山中。

图1-26　《千里江山图》团扇

按照创意对于文化的转化和传达的水平可以将文创产品分为三个层次。

第一个层次，创意含量几乎为零的贴图法。这种方法通常是将原有的文化元素直接以图案、图形的形式附加在产品上。如图1-27所示，众多刻有各种图案的木质书签，其设计方式通常是简单地以书签式样的木片作为载体，使用机器雕刻出有着特定含义的中国传统图形，比如梅兰竹菊、花窗、人物脸谱等。图案和木雕工艺的组合并没有产生1+1＞2的效果，类似的图案运用在铜的材质上也并无不可。

第二个层次，符号能指的转化和延展，或将特色文化内涵外化。了解这一内容之前，我们先要了解"能指"与"所指"这对概念。符号是能指和所指的结合，所谓的"能指"就是表示者，"所指"就是被表示者。以巧克力为例，巧克力的形象是能指，爱情是其所指，两者结合就构成了表达爱情的巧克力符号。

在中国传统文化中，梅、兰、竹、菊等植物能代表一定的精神品质，古人所说的"宁

图1-27　图案相近的黄铜书签和木质书签

可食无肉，不可居无竹"，也不是说竹子这种植物本身有多美，人们所喜爱的是竹子的内涵，想要表达的是对竹子精神的喜爱，即自强不息、顶天立地的精神。所以当一些文创载体与特定文化符号巧妙地结合之后，其层次便比贴图法的文创产品的立意高出许多。

在众多文创商店中我们经常能看见第一种层次的杯子，即在各种造型的杯身上绘制各种原汁原味的传统图案和图形。同样是杯子，前面说到的苏州博物馆的衡山杯便不是简单的图形的加载，杯底用衡山印章作为底款，有了所指，手起杯落间犹如在使用文徵明的衡山印章，让蕴含其内的文化得到了行为上的外化。

第三个层次，用一句话概括为"只可意会、不可言传"。此类文创产品在于对意境的表达，将传统文化的意蕴、思想、观念等以无形的方式融入产品载体。在众多的文创产品中，有一类文创产品被称作"禅意文创"，与其关联的产品主要是抄经、茶道、香道、茶器、禅趣等。比如洛可可的高山流水香台，以烟代水，一石知山，烟气腾挪，方寸之间容纳天地气象。

文创产品是创意作用的对象，创意也是文创产品的核心，文化以某一创意方式或形式加载于产品之中，与其融合为一体，成为特定文化内容主题的文创产品。当然，也要考虑市场因素、消费心理、需求趋势等方面的问题，只有这样才能保证特定文创产品能够满足细分市场的需求，实现经济效益最大化。

1.4 ▌▌▌ 设计尝试：选择你感兴趣的文化

阅读完本章的内容后，请分别从不同的分类方式中寻找自己感兴趣的文化进行深入了解，然后简单地进行讲述。

① □雅文化＿＿＿＿＿＿＿＿＿＿＿　　□俗文化＿＿＿＿＿＿＿＿＿＿＿

② □物质文化＿＿＿＿＿＿＿＿＿　　□非物质文化＿＿＿＿＿＿＿＿＿

③ □器物文化＿＿＿＿＿＿＿＿＿　　□行为文化＿＿＿＿＿＿＿＿＿

　　□观念文化＿＿＿＿＿＿＿＿＿

④ □饮食文化＿＿＿＿＿＿＿＿＿　　□服饰文化＿＿＿＿＿＿＿＿＿

　　□建筑文化＿＿＿＿＿＿＿＿＿　　□地域文化＿＿＿＿＿＿＿＿＿

第 2 章

文创产品设计的类型

2.1 源于传统文化的文创产品设计

　　所谓传统文化，是由文明演化汇集成的一种反映民族特质和风貌的文化，是各种思想文化、观念形态的总体表现。世界各地、各民族都有自己的传统文化，本部分所述传统文化均指中国传统文化。传统文化丰富的艺术手法和形式有着深沉、恢宏、灵秀、简约、质朴和精致等多种特点。将传统文化中的优秀形式及元素融入创意产品的设计中，不仅可以提升产品的品质，还能实现文化的传播和传承。按照一定的文化分类方式，文创产品设计中应用的传统文化元素来源可以分为物质文化和非物质文化两部分。

◎ 2.1.1　以物质文化为创意来源的文创产品设计

　　物质文化是有形的，如园林建筑、景观、服饰、历史文物等实质物体。随着旅游业的发展，各地的历史建筑已经成为文创产品设计的重要创意来源。

　　中国江南地区的园林历史文化极其丰厚，具有众多可塑的文化元素，接待了无数中外游客。然而，在一些江南园林中，所售卖的文创产品往往缺少特色，传承不足，形式单一，缺乏创新。

　　以拙政园为例，其文化也可分为物质文化和非物质文化两个方面。文创产品设计作为传播中国传统文化的方法之一，也是继承和发展地域文化的主要手段。在进行文化元素选择的时候，考虑到拙政园是四大园林之一的属性，最值得从园林文化内容主题中提取并融入文创产品中的典型文化元素无疑是园林中的建筑元素，这是最能够体现其独有的精神风貌和地域特色的文化元素。在此基础上，跳出园林文化内容主题文创产品中常见的载体，如明信片等，选择其他形式，让产品不仅具有同明信片一样的装饰性，还有了功能性。

　　图2-1的文创产品创意来源于花窗和中国画中的留白创作手法，利用花窗的镂空形式设计了一组木器灯具产品。搭配放置在台灯一侧的亚克力小容器，用户既可以在小容器中栽种迷你植物，也可把它当作收纳盒，让用户在亲自动手的同时延续花窗在园林中的空间感，透过花窗仿佛身临其境看到了园林里的花草树木，同系列的夜灯增加了用户的购物选择。

　　图2-2的文创产品是从苏州园林的众多建筑元素中挑选了具有代表性的月洞门、花窗等进行图形的提炼，然后以提炼后的基本图形进行收纳盒的设计，以榉木和黄铜为材

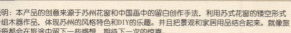

图2-1　木器系列设计之灯·纳

料，形成质感的对比。随四季物候的变化，可以用来放置办公用品、首饰等不同物品，突出其实用性。

此外，苏州园林中的飞檐翘角也是中国园林建筑艺术的重要组成部分，其外观多呈现为曲线或曲面，造型多变，或端庄、或轻盈；其色彩和皇家园林建筑金碧辉煌的色彩形成强烈的对比，在大片白粉墙的映衬下，黑灰色的小青瓦屋顶、栗色或深灰色的木梁架，给人带来淡雅、幽静的感觉。图2-3的创意书签选取四大园林之一的留园里的三个具有特色的屋顶，作为书签设计的文化元素。书签的银色金属部分和黑色釉料填色部分共同打造出江南园林粉墙黛瓦的特征，点缀其上的绿色让产品整体呈现出江南的柔美。书签下端加上从园林木质结构中提炼出的图形，使整套产品形成一组统一而各具特色的系列书签。

江南园林是中华民族优秀的文化遗产，如何让园林文化"鲜活""灵动""行走"起

苏园记忆·物·候

苏州园林中有很多建筑元素，把它们进行图形提炼后组合成一组收纳物品。

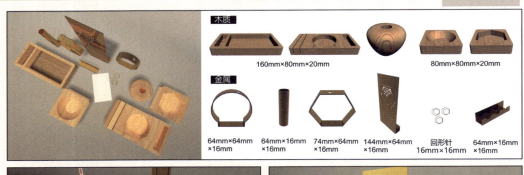

木质

160mm×80mm×20mm　　80mm×80mm×20mm

金属

64mm×64mm×16mm　64mm×16mm×16mm　74mm×64mm×16mm　144mm×64mm×16mm　回形针16mm×16mm　64mm×16mm×16mm

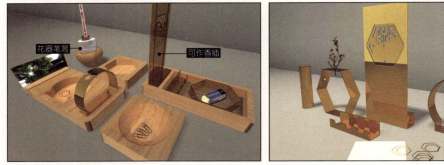

花器笔筒　可作香插

图2-2　苏园记忆·物·候

「苏檐」

藏在苏州园林里的秘密

旅行者·带本书去旅行

创意书签

明清家具 ▶

园内花纹 ▶

长廊栏杆 ▲

留园

设计说明 ◀

图2-3 "苏檐"创意书签（作者：吴姝）

来，园林主题的文创产品将起到重要的作用。它们将为园林文化的影响力扩张增添动力，使园林不再只是矗立不动的千年宅院。

如果说江南园林包含着江南地区特有的文化元素，也是苏州这座拥有2500年历史的古城的重要文化元素，那么兵马俑和城墙就是西安这个十三朝古都众多文化内容中的重要文化元素。

子曰："非礼勿视，非礼勿听，非礼勿言，非礼勿动。"短短16个字集中反映了孔子对"仁"的理解，体现了中国作为礼仪之邦的优良传统。陕西文物复仿制品开发有限公司根据孔子这句短短的话语，结合秦始皇陵兵马俑的基本形象，设计了憨态可掬的"兵兵有礼"系列文创产品。卡通人物用手捂着眼睛、耳朵、嘴巴，或者双手背后，通过萌萌的动作诠释"非礼勿视，非礼勿听，非礼勿言，非礼勿动"的理念。该公司并以此为基本形象设计了杯子、本子、卡通冰糕模等一系列文创产品，如图2-4所示。

同样是从中国传统建筑文化内容中提取元素，江南园林吸引人的是它的柔美，西安

 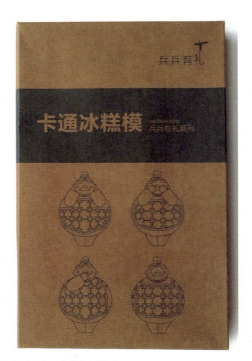

图2-4　"兵兵有礼"主题文创产品：卡通冰糕模

城墙吸引人的则是它自带的厚重历史。图2-5是位于西安城墙上的一个主题旅游纪念品商店。城墙故事是城墙文创产品的聚集地，主要的文创产品都是基于再设计的城墙图形进行开发的，包括绘有城墙图案的帆布包、明信片、永宁门纸模、城楼便签台、金属城墙烛台等，如图2-6所示。

不管社会如何发展，衣、食、住、行都是人们生活的基本需求。汉服衍生出的文

图2-5 "城墙上的城墙故事"主题旅游纪念品商店

图2-6 金属城墙烛台

创产品也是众多消费者所关注和喜爱的类型。汉服是中国汉族的传统民族服饰，其历史可追溯到上古时期。一直到明代，汉族都保持着其传统服饰的基本特征，这一时期汉族所穿的服饰被称为汉服。汉服最能体现汉族人儒雅内秀、神采俊逸、雍容华贵、美丽端庄的气质，但是它又不仅是一件简单的衣服，而是一件浓缩了各种复杂的传统工艺艺术品，汉服上的传统工艺如蜡染、夹缬、刺绣等。因此，从汉服上可以提取的文化元素非常多。

如果想更好地传承汉服，一方面要保持其交领、右衽、系带等基本特征，另一方面也应该符合现代人生活习惯的特点，为穿汉服提供一个合适的场景。比如西安、洛阳、杭州、苏州等历史文化名城，在中国传统建筑的映衬下，人们身着汉服，与周围环境相融合，更能凸显出汉服的古典韵味，也吸引了更多人去体验一下平时不太适合穿着的汉服。以文创产品定义为评判标准，这种汉服体验服务也是文创产品。如图2-7所示，在很多景区门口都有汉服体验店，店内陈列着各式汉服，从曲裾、直裾到襦裙、深衣，每一种款式都散发着浓郁的古典气息。

此外，还可以将各种制式的汉服以图形、图案的形式应用在手机壳、抱枕、杯子上，如图2-8所示。这些以汉服为设计元素的文创产品，将通过日常使用，让更多的人了解和喜爱汉服文化，推动汉服文化的传承与发展。当然，也可以从汉服中提取部分文化元素融入产品中，如图2-9所示，将汉服的衣领元素融入布书之中，来实现汉服文化内容的表达和传递。

图2-7　景区门口的汉服体验馆

图2-8　汉服卡通人物衍生的手机壳和抱枕

图2-9　昆曲文化元素书衣（作者：张书畅）

源于物质文化的文创产品的设计难度并不高，因为其本身的造型和图案就是设计师取之不竭的创意设计来源。然而，大多数物质文化都曾是和古人日常生活息息相关的实物，作为设计师要思考的是如何避免把它们从实用性物品变为视觉化的物品，要让它们在现代生活中继续以日常用品的形式存在，让其继续成为人们的生活习惯，自然而然地达到传承文化的目的。

◎ 2.1.2　以非物质文化为创意来源的文创产品设计

非物质文化主要是指那些非物质形态的、有艺术和历史价值的文化内容，是人类在社会历史实践过程中所创造的各种精神文化，如吉祥文化、传统工艺、戏曲、节令民俗等。

（1）以吉祥文化为创意来源的文创产品设计

中国的吉祥文化源远流长，也和百姓的日常生活紧密相连。以共同的吉祥观为内涵，传统民俗为形式，传统民间工艺为手段，吉祥物品、吉祥纹样、吉祥色彩为载体，共同组成表达人们祈福纳祥的美好愿望的语言。

从新石器时代陶器上的陶文"日"和"月"连成一圈组成的装饰纹案，到西安半坡出土的新石器时代彩陶上的多种形式的人面鱼纹，这些早期吉祥文化将图腾崇拜融于陶器之上，展现了原始先民的吉祥观。之后，这种吉祥观影响着整个中华民族的风俗习惯。

① 吉祥文化的驱动作用。在中国人千年的生活实践中，"吉"与"祥"这两个字就是一种情感驱动符号，驱使着消费者认同其所承载和附着的产品，从而让游客愿意购买相关的各种类型的文创产品，在情感上驱动人们去感受产品中包含的文创设计。

在苏州桃花坞木刻年画中，深受游客喜爱的产品是名为"一团和气"的年画。同"吉"字一样，"和"字也是吉祥文化元素中极能触动人心的字眼。"和"寓意着和气、和睦、和谐。古代思想家崇尚"以和为贵"，认为"和气致祥"，而和合二仙更是幸福的象征。吉祥文化不单是其他传统文化推广的驱动力，同样也是地域文化的活化剂，让具有差异性的地域文化借助吉祥文化重新融入人们的生活，进而促进地区文化创意产业的发展。

② 基于吉祥文化的文创产品设计。想要基于吉祥文化进行文创产品的设计必须先了解其语义和表达方式，吉祥文化的内容都不是直表其意，而是寄意于其他形象之中。寓意手法通常被归结为三类：一是象征，如石榴只是一种植物，因为其种子很多，所以象征着多子；二是谐音，如以具象的"蝠"表示"福"；三是表号，它既是某种形象的简略化，也是一种约定俗成的象征性代号，如由八仙的八件法宝组合而成的图案称为"暗八仙"。因此，基于吉祥文化的文创产品设计首先要从吉祥的表达方式入手，再结合恰当的载体进行创意设计，才能准确地传播包含吉祥文化在内的传统文化。

图2-10和图2-11中的文创产品均应用了象征手法来进行设计。同样是应用花窗元素，将苏州拙政园中花窗的图案与银饰工艺结合进行首饰设计。但是，图案的选择并不是

随意从花窗中提取的，而是在对蕴含在花窗中的吉祥图案进行调研和分析后才做出的选择。此款银书签手链中的花窗图案来自栀子花纹的花窗，如图2-12所示，栀子形的六个花瓣似如意头纹组成，中心组图如盘长，嵌两支万年青，象征吉祥如意、万年长青。

漏窗不仅使园林内的景物显得幽邃曲折，更重要的是漏窗中千变万化的图案雅俗并

图2-10　拙政园花窗主题银饰及包装

图2-11　拙政园花窗主题银饰：耳坠、手链、书签

图2-12　拙政园的栀子花纹花窗

存，地域性的士大夫文化、民俗文化和吉祥文化相互交错，编织出丰富的文化资源，通过漏窗完美体现。因此，借由"银书签手链"传达的不仅是吉祥文化，还有更多包含于其中的内涵，然而最先打动游客的必定是吉祥文化。

再如图2-13所示，整组陶瓷茶杯的设计借用了谐音"喜上眉梢"来表达吉祥的寓

意，杯盖和杯身巧妙地将词组中的文字进行分割，当人们完成将杯盖放在杯身上的行为时，即完成了吉祥的表达。

这种以行为为媒介完成吉祥表达的方式，一直存在于吉祥文化中。"千门万户曈曈

图2-13　喜上眉梢陶瓷茶杯

日，总把新桃换旧符"，古人过年时倒贴福字（寓意"福到"）就是以行为来表达吉祥的一种方式，也是吉祥观的体现。所以当支付宝重新给贴福行为换了一种体验方式时，人们对它的热情丝毫没有减退，反而因其更加贴近生活的玩法而广受欢迎。所以，虽然仅应用谐音图形符号也可以完成吉祥文化的应用，但是我们的设计不应局限在单一的载体之中，应使其更贴近生活，更具有实用性。

③ 吉祥文化应用在文创产品设计中的思考。吉祥文化以各种形式体现在我们的生活中，但吉祥行为、吉祥物、吉祥图形三者之间并不是孤立存在的。它们彼此相融，以不同的形态与其他文化相融，以实物或虚拟的产品形式呈现在人们的生活中。中国古代有"送瓜求子"的说法，这里送的瓜就是葫芦，送葫芦的行为构成一种祝愿，即祝愿对方的家族人丁兴旺。此外，葫芦本身就是一种吉祥物品，代表福禄，而葫芦的图案除了有子孙万代、多子多福的美好寓意外，还是暗八仙图案之一（代表铁拐李）。人们在用葫芦的三种表达形式体现吉祥文化时，并不会刻意割裂彼此的吉祥寓意。所以，要避免把装饰当作文化，使其在文创产品的设计应用过程中失去本身具有的深刻内涵。

（2）以传统工艺为创意来源的文创产品设计

传统工艺指采用天然材料制作，具有鲜明的民族风格和地方特色的工艺种类和技艺。比如潍坊的风筝、天津的泥人张彩塑、苏州的苏绣以及不能以地域来划分的剪纸、漆艺、陶瓷、扎染等，这些传统工艺是历史和文化的载体。现在，设计师也需要为这些传统工艺寻找合适的载体进行创新设计，传承其所承载的历史与文化。

不同的传统工艺类别也要考虑其所具有的特点，使其与实际生活和用户需求结合起来，通过创意设计激活其新的生命力。

① 剪纸。作为非物质文化遗产之一的剪纸，是中华民族非常普及的民间工艺和装饰艺术形式。南北朝墓葬中的动物花卉团花是目前发现的最早的剪纸实物，还有学者认为汉唐妇女贴在鬓角处的方胜（金银箔制成）或许是剪纸的更早起源。

作为一种传统工艺，其生命力和形式都随着时代的变迁而变化，越来越丰富的纸张种类和机器雕刻工艺的发展，使得剪纸的形式和功能有了扩展。这是社会的需求，也是现代人们日常生活的需求，就如同传统剪纸和传统民俗是息息相关的。任何一种艺术门类都不可能仅靠国家保护而传播，只有与社会的需求进行结合才能历久弥新。

目前，以剪纸为主题的文创产品大多提取了传统图案的精髓进行创意设计，它们以单层传统剪纸装饰画的形态呈现，被精心装裱在各式各样的画框里。图形是大家喜闻乐见的传统图形，寓意吉祥，以大红色宣纸为材料，其传统性被保留得非常好。

此外，借助机器完成剪纸工艺的纸雕灯也是文创产品中比较常见的类型，让剪纸工艺不再只依靠装饰性而存在，具有了实用价值。在多层剪纸装饰画后加上LED灯带，成为具有实用功能的台灯。

图2-14是以端午节的传说和剪纸工艺为文化元素进行创意设计的一组纸雕灯，通过多层剪纸的图形组合讲述传说。端午节起源于中国，最初是上古先民以龙舟竞渡形式祭

图2-14　端午主题纸雕灯【人物分别为曹娥、伍子胥、屈原（作者：何嘉丽）】

祀龙祖的节日。因传说战国时期的楚国诗人屈原在端午抱石跳汨罗江自尽，后来人们亦将端午节作为纪念屈原的节日；个别地方也有纪念伍子胥、曹娥等说法。虽然剪纸工艺的镂空手法在图形表达上别具特色，但是空间感不强，当以多层剪纸的形式组合成完整构图时，既保留了剪纸的基本特征，也让画面层次丰富起来。

对于剪纸这一历经千年的非物质文化遗产，还有更多创意形式可以应用在文创产品中，设计师可以运用其特有的魅力进行文创产品的设计，让更多的人了解剪纸艺术。

② 漆艺。传统漆艺产品主要以艺术品和工艺品的方式呈现。漆艺艺术品多针对高端市场，以艺术家个人风格为主体，但受众群体的审美与欣赏水平的不同，决定了此类艺术品只能在小众群体内流行，数量与市场限制了漆艺的推广。以此为鉴，当漆艺运用在文创产品设计中，要摆脱纯装饰性的约束，融入人们的生活，尤其是年轻人的生活，让年轻消费者，即文创产品的主力消费群体了解和接受漆艺语言的独特魅力，从而实现漆艺文化的推广，也为传统漆艺产业的再次发展开辟新的方向。

图2-15是以漆艺为基础进行创意设计的手机壳。首先，从十二花神中选取对应的花形进行图案设计，然后主要运用蛋壳镶嵌手法完成图案的制作，蛋壳自身的自然龟裂肌理富有亲切、朴素的美感，增加了漆艺的图案表现力，最后罩上透明漆。

图2-15　花卉主题漆艺手机壳（作者：伍惠惠）

③ 绞胎陶瓷。绞胎陶瓷是中国古代陶瓷装饰工艺中特殊的品种，由于工艺复杂，制作难度大，因此其产品类型和产量在很大程度上都受到了限制。早在唐代，古人就开始研究绞胎陶瓷，但是元代以后这种工艺便逐渐衰亡，直至现代只有少数陶艺家对绞胎陶瓷做了初步的研究与探索。

绞胎通常是用两种不同颜色的瓷土，像拧麻花一样将它们拧在一起制成新泥料，再拉坯成型，或切成片状，最后浇一层透明釉烧制而成。由于绞揉方式不同，纹理变化亦无穷。因此，运用绞胎工艺制作而成的产品存在一定的偶然因素，每一次的作品都是孤品，都带着"世上唯此一件"的属性，存在不可复制性。所以每次形成的纹样并不固定，有的像木材的年轮，有的像并列的羽毛，还有的像盛开的梅花等，这些精美的纹饰给人们以变化万千之感。

图2-16和图2-17中就是以绞胎陶瓷和现代银饰相结合制作而成的饰品，两者的结合

图2-16　绞胎陶瓷项链（作者：张亚茹）

图2-17 绞胎陶瓷胸针（作者：张亚茹）

实现了传统绞胎陶瓷文化的传播，亦创新了传统绞胎陶瓷的设计与运用，使其以一种新的形态出现，让年轻人有了喜欢上它的理由。每一件成品都要经过拉坯、打磨等几十道工序，充满着手作之美，最关键的是爱美的女性不用担心遇见和自己佩戴相同饰品的人。

严格来说，包含传统工艺的产品不一定就是文创产品，关键在于有没有对原有传统工艺的运用进行再设计。需要注意的是，创新并非标新立异、割裂传统，而是要在保证传统工艺的精髓和本质"不变味"的前提下推陈出新。

基于非物质文化进行设计的文创产品不局限于吉祥文化和传统工艺，与基于物质文化进行的文创产品设计相比较，它有着更广阔的形态创意空间，同时也增加了设计的难度，大多数情况下没有一个原形态进行参考。因此，基于非物质文化进行设计的文创产品一定要抓住文化元素的精髓。

2.2 博物馆的文创产品设计

博物馆的文创产品设计

2016年，以故宫文创为首的博物馆文创给整个博物馆文创产业带来契机，随着2016年5月11日，文化部、国家发展和改革委员会、财政部、国家文物局《关于推动文化文物单位文创产品开发的若干意见》的出台，更是给了博物馆文创强大的助力。

目前，各个博物馆纷纷凭借各自独特的文化资源加入文化产业的发展中，积极适应市场需求，开发设计出兼具文化性、艺术性和实用性的文创产品。

◎ 2.2.1　故宫文创

故宫文创，自2008年起便以独特的视角和创新的设计，引领着文化创意产品的潮流。故宫文创不仅仅是对传统文物的简单复制，更是对故宫深厚文化底蕴的深入挖掘与再创造。从如图2-18所示的"萌萌哒"系列文创到《谜宫》系列解谜书，从太子杯到海棠宫猫指甲贴纸，每一件文创产品都蕴含着丰富的历史故事与艺术美感，让人深刻品味到故宫的独特魅力。

图2-18　故宫"萌萌哒"系列文创——故宫猫

故宫文创产品种类繁多，涵盖家居、文具、艺术品等多个领域。无论是故宫口红的古典韵味，还是故宫联名款首饰的时尚气息，抑或是如图2-19所示的故宫日历的实用性，都深受消费者喜爱。故宫文创不仅满足了人们对美的追求，更在潜移默化中传播着中华优秀传统文化的价值观和思想内涵。

如今，故宫文创已成为游客游览故宫必买的文化纪念品，更成为中华优秀传统文化的重要传播载体。

图2-19 故宫日历

故宫文创产品的走红也许和清宫戏的频频热播有关，再加上产品的创意性和实用性都上佳，走红也就成了水到渠成的事情。尽管清宫戏的热播让消费者内心先有了和产品关联的故事梗概，进而喜欢上产品，但是如果文创产品本身不能和故事融合得天衣无缝，不能真正表达中国传统文化的精髓，也未必能让消费者认可。

2013年，北京故宫博物院对围绕故宫IP开发的文创产品提出了"三要素"原则，即元素性、故事性、传承性。元素性是指所有文创产品必须突出故宫的元素；故事性是指产品要能讲出其背后的故事；传承性是指产品以传播优秀的中国传统文化为出发点，让其与现代人的生活对接，从而让人感受并接受这种文化。

元素性代表着文化本身，故事性代表着文化表达方式的多样性，传承性代表着文创产品被设计的目的。

所以，设计趣味文化不是目的，而是一种创意手段，通过这种方式借由故事带来的流量，实现有效的文化表达和传承。

尤其要注意的是，趣味文化是健康、积极向上的，这也是博物馆文创产品的核心价值。虽然众口难调，各类消费群体对文化的需求程度不一样，如有对历史文化信息的准确性要求较高的，也有只喜欢有趣产品的，但长此以往，后者会背离文创产品设计的初衷。博物馆作为优秀传统文化的传播空间，一个很重要的功能就在于提升公众的审美力及其对文化的深层认知。

2018年开播的综艺节目《上新了·故宫》中很好地分析了故宫文创产品的设计过程：有原汁原味的元素的选取，有故事真实性的考证，有文化传承最好载体的斟酌。这档节目为受众普及了蕴含在产品之中的文化元素和历史故事。

首期节目中，产品的设计从乾隆喜爱戏曲的故事开始，经过一天的发掘，设计师将密藏在乾隆花园倦勤斋中的江南元素——通景画中的紫藤雀鸟、金丝楠木仿斑竹的竹形、双面绣上寓意吉祥如意的云纹以及什件等文化元素进行融合，以彩妆产品作为载体完成了"美什件"三件套的设计。

第二期节目中的文创产品是以吉祥文化为主打的"畅心睡眠"系列睡衣，依旧是和戏曲相关，这次主角从倦勤斋和什件换成了畅音阁和戏服。

设计师将畅音阁天花板上的仙鹤纹样以及卷草纹木雕兽匾等吉祥意象融入设计之中，化乾隆时期的戏衣为现代睡衣，寓意"蝠福，福如意；鹤贺，贺佳音"。将这样的睡衣穿在身上，内心不免觉得和吉祥有了关联。

第三期节目中的文创产品是日晷时钟，这是由一个"学霸"的故事开启的设计。故事的主角是康熙，他的勤勉好学令其洋人老师惊叹："从未见过如此认真、聪明而且勤奋的人。"他亲自炼制西药、大胆研究解剖学等行为，让后人看到了他对自然科学的尊重与热爱，这种勤勉好学的优秀品德便是第一个文化元素。图2-20中的日晷，其本义是指太阳的影子，后来成为古人的一种计时仪器。北京故宫太和殿中的赤道日晷，晷面用汉白玉制成，是经典式赤道日晷。随着太阳位置的变化，晷针影子在盘上移动一寸所花的时间称为"一寸光阴"，"一寸光阴一寸金"的成语就是由此而来。前后两个文化元素都有着珍惜时光的内涵，设计师将日晷和日历相结合，将西洋的时钟与东方的日晷进行有效的碰撞与结合，以朝阳、晴空、星夜的颜色染做日历。创作出"日出而作"日晷计时器，意指康熙严谨的求学精神，也提醒着人们要珍惜时间。

图2-20　日晷

在第五期节目中讲述了紫禁城中一位传奇母亲的故事，故事的关键人物是孝庄、顺治帝、董鄂妃；故事关键事件有废后、《罪己诏》；故事关键地点是保和殿；故事关键物品为顺治帝的马鞍。这些关键点连起来就是一个复杂而漫长的故事，从孝庄太后因为顺治的婚姻问题诱发的母子之间的矛盾，引出了一段顺治与董鄂妃的感情故事。

由于可以从中提取的文化元素不是那么明显和直接，于是设计师提炼了故事的内容，选择其情景并定格在整套"紫禁·薰"香薰蜡烛系列产品之上，传达的是一段看得见的孝庄的故事。用盲盒的形式将其分为一组六个、四个或两个香薰蜡烛杯，揭开每组和故事主角相关的漫画，就会解锁不同的香薰气味，如图2-21所示。卡通化的历史人物，盲盒的打

图2-21　香薰杯

开方式，以有趣的方式让更多的年轻人接受传统文化。

虽然像《上新了·故宫》这种先讲故事再设计产品的呈现方式不能推广到所有产品上，但是我们依旧可以在故宫的文创商店内发现不少一眼就能透过产品本身看到背后的文化元素以及故事的产品。

图2-22是一款百蝶流苏手拿包。设计师从清宫旧藏"百蝶纹女袷褂襕"中选取了平金绣的蝴蝶，将其融入手拿包中，通过它呈现给消费者的是清宫女子的日常穿着打扮。

图2-22　百蝶流苏手拿包

虽然图2-23中的文创产品属于最简单的贴图法，但是每一款首饰的工艺都各不相同，传达着中国传统工艺的精致。设计师用手绘的方式，以贴纸为载体，向人们讲述清宫后妃们日常佩戴的首饰的故事。

图2-23　清宫后妃首饰·簪子贴纸

在众多的故宫文创产品中，还有一款特殊的产品，很难把它归到特定的种类中，也很难界定它的作用，这就是《谜宫·如意琳琅图籍》。故宫给它的属性是"创意互动解谜书"，单从外观上看，它就像一本普通的书籍，但它又不是传统意义上的只通过阅读获得知识的书籍，而是以文字阅读体验为基础，借助手机实现互动的解谜游戏书，如图2-24所示。

借助实体书、智能手机和配套的线索道具，作为玩家的阅读者通过书中的30多个环环相扣的谜题任务，不仅可以了解到故宫的故事，还能左右剧情、决定主人公的命运。翻开泛黄的书页，手绘的紫禁城地图、密语撰写的

图2-24　《谜宫·如意琳琅图籍》文创产品包装及实体书与线索道具

字条、乾隆年间的铜钱以及毛笔、书签、剪纸……这些神秘的道具让你仿佛置身偌大的紫禁城，化身为侦探，开启揭秘之旅，如图2-25所示。

图2-25　借助手机使用《谜宫·如意琳琅图籍》

这本书的供不应求说明：听故事谁都喜欢，就看设计师能不能讲好这个故事，讲不好用户是不会买单的。

讲好故事的最终目的还是传达文化、传承文化。从上述各类文创产品中可以看到，故宫在研发文创产品时会从不同年龄、不同消费能力人群的差异中找到文化需求，让文创产品的消费档次和风格都有所区分。既有纸胶带、鼠标垫这类价格不高的文化生活用品，也有陶瓷器皿、真丝衣饰这种极有中国特色，可作为国礼赠送外国友人的文创产品，还有日晷时钟和《谜宫·如意琳琅图籍》这类值得故宫文化爱好者收藏的产品。

换而言之，文创产品只有被消费者购买才能实现其传达文化、传承文化的目的。故宫的文创产品多是生活中用得到、最实用的产品，大部分还是普通消费者承受得了的，以此实现文化消费走进大众生活的目的。当人们家中摆放的日用品都是有故事、有文化内涵的产品时，当人们可以向客人讲述家中这些文创产品的文化寓意和故事时，博物馆的这些衍生文创产品也就有了空间延伸和价值提升的意义。

◎ 2.2.2　苏州博物馆文创

对比故宫从建筑到文创产品都是满满的宫廷气息，苏州博物馆从建筑到产品则是两个字——文艺。百年来，明清两代苏州文人所创造的以"精细秀雅"为特色的苏州文化渗透进苏州的方方面面，也吸引着众多游客，苏州博物馆亦是以文雅为主打风格，如图2-26所示。

图2-26　苏州博物馆

　　苏州博物馆旁是四大名园之一的拙政园，馆内一部分还是太平天国忠王府，向南步行五分钟就是狮子林。贝聿铭的设计让苏州博物馆建筑成为文创产品的设计元素之一，开创了国内博物馆建筑成为亮点的先河，并衍生出一系列文创产品。图2-27所示是以苏州博物馆建筑为设计元素的夜光书签。

图2-27　以苏州博物馆建筑为设计元素的夜光书签

很多博物馆都会以镇馆之宝作为文化元素进行文创产品的开发，秘色瓷莲花碗就是苏州博物馆的镇馆之宝之一。如图2-28所示就是秘色瓷莲花碗及其衍生出的抹茶曲奇。

(a) 文物 　　　　　　　　　　　　　　(b) 衍生文创产品

图2-28　秘色瓷莲花碗和衍生文创产品

在这件文物背后有着与秘色瓷和莲花两个文化元素相关的故事。秘色瓷莲花碗是一件越窑青瓷口的代表作，称得上是秘色瓷中的稀有作品，也是苏州博物馆三件国宝文物之一。秘色瓷始烧于唐、五代和北宋初期，其技术难度较大。五代时吴越王钱氏建国，在浙江上林湖置官监窑烧制青瓷，并将其列为宫廷供品，庶臣不能使用。整个器皿以莲花为造型，由碗和盏托两部分组成，釉层厚且通体一致、光洁如玉，如宁静的湖水一般清澈碧绿，恰似一朵盛开的莲花。荷花即莲花，历来被人们赋予出淤泥而不染的君子美德。随着佛教的传入，莲花被赋予了更多的内涵，并成为佛教艺术的主要题材之一。这件秘色瓷莲花碗不仅是一件精美的瓷器，同时也是一件境界极高的精神产品，艺术与佛法被完美地融合在一起。

秘色瓷莲花碗抹茶曲奇之所以被众人所喜爱，除了文物本身是苏州博物馆的镇馆之宝外，与其平易近人的价格和中国人"民以食为天"的古训不无关系。食品也是文创设计中的一个非常接地气的产品载体。

仔细观察苏州博物馆中的众多文创产品，大多是和地域紧密结合，围绕着"吴门四家"进行的。吴门四家也称明四家，分别是沈周、文徵明、唐寅和仇英，这也是苏州文化的重要名片。四人的画作对后世影响极大，也为文创产品设计提供了非常丰富、直观的视觉素材。

如果说乾隆的"带货"能力在故宫是排第一位的，那么唐寅的"带货"能力在苏州博物馆就是独一无二的。在明四家中大家最为熟悉的就是唐寅（唐伯虎），虽然他的画作不是人人都能欣赏，但是唐伯虎点秋香的故事大家都耳熟能详。所以，以唐寅为文化元素开发的文创产品的品类不算多么特别，都是些最为常见的明信片、笔记本、手机壳、书签、文件夹等，却也自成特色，十分实用，颇受消费者的喜爱。

　　苏州，这座本身就充满文艺气息的城市，赋予了苏州博物馆文创产品独特的韵味。比如，沈周玉兰缂丝真皮钱包，将传统缂丝工艺与现代钱包设计巧妙结合，既实用又彰显艺术品位；再比如图2-29中的明四家彩墨限量珍藏套装墨水，光是四色不同的墨水名称就雅致、文艺到了极点，产品具有染料墨水的渐变与流丽，配上唐寅的桃花一梦信笺，使用之时仿佛置身桃花树下，体验了一番桃花仙的意境。

图2-29　明四家彩墨限量珍藏套装墨水

　　苏州博物馆销售过的产品中，文艺又令人印象深刻的，当属文衡先生手植紫藤的种子。售卖的紫藤种子源自苏州博物馆内一棵由文徵明亲自栽种、有500年历史的紫藤树，这是其他博物馆无法模仿的"独一无二"的产品，如图2-30所示。

图2-30　文徵明手植紫藤和衍生的文创产品

虽然它的实用性几乎为零，但苏州博物馆卖的就是故事，消费者买的也只是情怀。每年紫藤会结出约5000颗种子，设计师会从中挑出3000颗，文创产品一盒3颗种子，每盒25元，每年限量1000份，往往在预售时便被一抢而空。文徵明作为明代画坛的领军人物，赋予这颗百年古树不一样的情怀，其种子因此便有了一种苏州文脉延续和象征的寓意，给人一种思接千古的感觉，仿佛穿越回《姑苏繁华图》中的那个姑苏。

明四家有着说不完的故事，也有着说不完的文化元素。2019年年初，苏州博物馆还与天猫新文创跨界合作"唐伯虎春日现代游"，利用苏州博物馆的建筑外观及四大才子的人物形象，以春游穿越之旅为主题，设计出以2019春茶为主打的产品。分别是桃花流水之间、穿越时空之间、诗情画意之间、山水画卷之间四大主题，衍生出10款不同类别的产品。同时，苏州博物馆还精心策划了一场为期6天的"明代才子茶派对"，不仅有产品的体验，还有场景的体验。所以说，文创产品并不一定仅仅是有形的，还能以"有形+无形"的方式存在。

在苏州博物馆众多的以茶为主题的文创产品中，有一款既价格亲民，又十分雅致有趣的茶包——唐寅茶包，如图2-31所示。茶包上的唐寅成了一个潇洒风流中有一点呆萌的江南文人，似乎和周星驰的影片《唐伯虎点秋香》里的形象重合了。在影片中，唐寅有这样一句台词："别人笑我太疯癫，我笑他人看不穿。"这似乎就是众人想象中唐寅的样子。豆瓣上对于产品的评论是这样的：

"好可爱啊。颓废又可爱的调调，让人不忍去泡。感觉和每日的工作十分搭配。茶叶包装竟能如此萌！"江南第一才子"醉倒在茶杯。"

图2-31　唐寅茶包

唐寅和他的朋友祝枝山、文徵明、徐祯卿同为江南四大才子，都很喜欢喝茶，并留下了不少关于茶的"茶画"和"茶字",其中尤以唐寅的《事茗图》和文徵明的《惠山茶会记》最为出名。唐寅在《事茗图》中的题诗标志了"文人茶"的境界:"日长何所事,茗碗自赏持。"茶不仅是一种饮料,更是一种生活方式。苏州博物馆换了种文艺的方式,随礼盒附赠《唐伯虎小传》,让消费者再次跨越时空感受"文人雅集,醉卧风流"之趣。

◎ 2.2.3　敦煌研究院文创

敦煌研究院是我国拥有世界文化遗产数量最多的博物馆,也是一个特别的存在,如图2-32所示。如果说一般的博物馆开发文创产品都是为了借由载体传播文化,让文化融入人们的生活中,那敦煌研究院文创产品的开发就是为了原汁原味地将世界文化瑰宝"永久保存、永续利用"。

图2-32　敦煌莫高窟

由于馆藏展品的特殊性,就算游客到了敦煌研究院也不能看到所有的洞窟和壁画。但是,为了让更多的人看到敦煌的每一卷、每一幅独一无二的壁画,敦煌研究院经过多年的数字开发,已完成了大量洞窟的数字化采集工作,并对多个洞窟进行了结构扫描和整窟数字化处理,还制作了众多360°虚拟全景漫游场景,人们可以登录数字敦煌网站进行观看。

敦煌文化以及丝绸之路西段的发展历程带来以壁画、经卷、佛教、西域文化为元素的故事。而在众多的故事中,令人最想探究的是敦煌莫高窟的形成和发展过程以及它掩埋在黄沙中百年后又是如何被发现的,而这是一个有着一千多年历史的故事。这个故事通过情境融入式演出《又见敦煌》得以重新展现,成为一种无形的文创产品。

有的观众甚至千里迢迢地来到敦煌只为体验一下这场演出,为何说是体验而不是观看呢?

当观众走进剧场后,在前三个场景中并没有固定的座位,而是跟随工作人员,随着剧情的发展走动。在第一个场景空间有左、中、右三个舞台,当表演正式开始后,演员依次走上舞台,他们将一千多年的历史时间线串联起来组成一个完整的故事,有的人物是和西域或者莫高窟有关的人物，有的是莫高窟里的壁画原型，每个人物都会有场外音为他们进行自我介绍。走五十步，观众就穿越了百年；动一百步，观众就穿越了千里。在穿越中，观众可以看到张骞、索靖、王维、唐宣宗、张义潮、曹义金、曹义金夫人、悟真和尚、王道士……

接下来，观众会随着工作人员进入一个新的场景。这一次，观众站在四周都是表演舞台的场地中间，这一部分主要讲述经书被卖的故事。表演的时候，正前方的墙壁上是一个模拟石窟的舞台，几十个"石窟"布满整个墙壁，数十个飞天女神会从墙壁上飞出来。当观众还沉醉在精美绝伦的飞天表演中时，王道士便登场了，他向观众讲述经书是如何被发现又是如何失去的。前面飞天的表演有多让人心醉，后面文物遗失的故事就有多让人心碎。

王道士对着菩萨忏悔与哭诉："你们为什么不放过我？"表演也让人读出了王道士面对经书和壁画保存时的无能为力。七年间，他也曾多次上书朝廷，却没能得到回应！因此，在这一幕中，那个导致莫高窟文物浩劫的王道士，在向象征敦煌文明的"母亲"的忏悔中得到宽恕。

再接下来，观众会进入第三个场景，上百个观众被分流到十多个不同的"石窟"中，每一个"石窟"的地板都是透明玻璃，玻璃下方和四周一人多高的墙面后都被挖空构成表演的小场景，场景虽然略有差异，但都是用来配合讲述同一个故事，一个埋在黄沙下千年的故事。

公元312年深秋的一个早晨，一名信使带着一批信件离开敦煌，正朝西边的撒马尔罕城奔去，其中有一封妻子写给丈夫的信："眼下这种凄惨的生活让我觉得我已经死了，我一次又一次地给你写信，但从来没有收到过你的哪怕一封回信，我对你已经彻底失去了希望，我所有的不幸就是为了你，我在敦煌等待了三年。"这是一位名叫米薇的粟特女子，在被经商的丈夫遗弃后，她和女儿滞留在敦煌。而这封信直到公元1907年春才被发现，可想而知，米薇的信未能送达撒马尔罕城。

当观众体验到最后一幕的时候，终于可以坐着观看前方的全息电影了。故事从西晋时索靖将军指挥三军的故事说起；紧接着，张义潮上台，他派遣20队人马返唐，只为带个口信，结果只有悟真和尚一人活着抵达长安，面对城门上的天子唐宣宗，他高呼："丝路通了！"尔后，光影一转，来到玉门关，王维站在关口吟出那首《送元二使安西》。

从汉到清，敦煌的历史与遗物渐渐沉入黄沙之中，然而，"是啊，当你俯下身去，捧起一把黄沙，故事就会在你的掌心里。拨开尘沙，又见敦煌。"这是一场普通的表演么？不，这是一场文化的创意表达，将敦煌文化以故事的方式呈现给观众，这是无形的文创产品。

敦煌文化和表演融合诞生了《又见敦煌》，而其与手游结合的时候同样能为人带来惊艳的文创产品——王者荣耀限定皮肤。2018年底，王者荣耀团队联合敦煌研究院推出杨玉环"遇见飞天"皮肤，其美术价值和技能效果堪称游戏界的顶尖作品。皮肤的设计方案均是从莫高窟寻找的最原汁原味的元素。比如，杨玉环的唇部采用了点绛唇，点绛唇的形式来自161窟（唐朝）画师采用的"点厾"之法，形成樱桃小口一点点的嘴唇造型。

体验完表演，收集完皮肤，观众可以再去敦煌研究院的文创商店逛逛。在商店内常见的品类基本也集中在本子、冰箱贴、纸胶带等其他博物馆内常见的商品，如图2-33所示。

图2-33　敦煌研究院的文创产品

在这些商品中，比较有特色的要数这款"壁上花开"瓷砖贴了，如图2-34所示。敦煌莫高窟的壁画充满了静寂、神秘的色彩，带有一种西域佛教的意境和风格，巴掌大小的文创产品并不能很好地传达这种需要一定空间才能营造出的文化内容。而这款瓷砖贴从敦煌莫高窟的多个洞窟中提取纹样元素，借助瓷砖贴这一载体，使消费者可以根据自己的喜好装饰家中的墙面。四种不同的图案在不同的空间，经由不同的人营造出不同的意境，每个人在自己的家中"幻化"出曾经去过或者没去过的那个敦煌，不同洞窟中的文化元素通过不同的空间再次透露和传达出敦煌文化的深刻内涵。

图2-34　"壁上花开"瓷砖贴

这是一件能够与消费者互动的文创产品，是一件元素与载体高度匹配的文创产品，因而它让文化的传达变得准确而简单。虽然我们可以用画册的方式替代《又见敦煌》讲述敦煌的故事，也可以用人偶娃娃替代手游皮肤去描述大唐女子的妆容，更可以用简单的纸胶带再次绘出洞窟中的壁画，但是从《又见敦煌》到手游中的皮肤，再到"壁上花开"，每一个故事传达的方式、元素运用的载体似乎都刚刚好。

文化元素的载体多种多样，但是总有几个是恰到好处、无可替代的。

◎ 2.2.4　主题博物馆文创

除了众多带有地域特点的博物馆外，还有一类博物馆——主题博物馆。无论是古代的还是近代的，任何一种艺术类型或具有收藏价值的物品一般都会有相应的博物馆，如昆曲博物馆、剪纸博物馆、汽车博物馆等，而且类型还在不断增加。同样，众多的主题博物馆也纷纷推出了自己馆藏物品的衍生文创产品。

图2-35中的苏州御窑金砖博物馆算得上是一家网红博物馆。金砖又称御窑金砖，古时是专供宫殿等重要建筑使用的一种高质量的铺地方砖。因其质地坚硬细密，敲之若金属般铿然有声，故名金砖。苏州相城区陆慕自明初永乐帝时至清末的五百多年间，一直都是御用金砖的主要烧造采办地。在博物馆院落内散布着几座老窑遗址，从全国范围来讲，古窑的发现数量也是比较多的，但能够称得上是御窑的古窑还是非常罕见的。

图2-35　苏州御窑金砖博物馆

在博物馆的展示大厅中还原了紫禁城的太和殿、保和殿、中和殿等皇家宫殿的金砖铺设过程。最后，参观的观众可以在博物馆交流中心付费体验金砖制作的流程，在交流中心还售卖文创产品，除了常见的鼠标垫、手机壳、纪念笔记本、小吊坠等产品外，基本上都是和金砖有关的产品，比如花瓶、收纳器皿、砖雕摆件等，如图2-36所示。

（a）花瓶　　　　　　　　（b）收纳器皿　　　　　　　　（c）砖雕摆件

图2-36　苏州御窑金砖博物馆的文创产品

　　主题博物馆推出的衍生文创产品基本上都与自身的主题紧密相关。如位于浙江绍兴市的兰亭书法博物馆，它的衍生品以书法相关的居多，如图2-37所示；潍坊世界风筝博物馆的特色文创产品是风筝的扎制材料和工具，让游客亲身体验扎制风筝的过程并亲手放飞；而在苏州状元博物馆祈求金榜题名大概是来到这里的游客最想做的事了，游客可以将"金榜题名"的愿望写在木牌上，然后将其悬挂在馆内专门为游客准备的木架上，沾沾状元们的"运气"，如图2-38和图2-39所示。

主题博物馆的文创产品只有与自身的主题紧密相关才能打动消费者。

图2-37　浙江绍兴市兰亭书法博物馆及其文创商店

图2-38　苏州状元博物馆

图2-39　文创产品"金榜题名"及悬挂木架

◎ 2.2.5　博物馆文创产品并非元素的简单拼接

随着文创产业的发展与文创产品的热销，文创设计比赛也举办得越来越频繁。但是，很多参赛者在设计的过程中并没有很好地解读文物，也没有了解其文化内涵，只是将各种元素简单地拼接起来，这样的设计非但不能传播文化，还可能导致民众对相关历史文化产生误解。

当然，如果设计师仅将源于文化内容的原始图形"原汁原味"地应用在载体上，那就谈不上是创意设计。此外，应用的载体还不能脱离消费者的日常生活，否则就会影响文化传播的效果。所以，文创产品设计师不但要提升自己的文化解读能力和转化能力，避免让设计只停留在文化的表层认识上，还要了解市场、了解各个层级消费群体的多元化购买诉求。

◎ 2.2.6　国内博物馆文创产品现状

从全国范围来看，故宫等博物馆文创产品的火爆已经不是"个别现象"，虽然大部分博物馆的文创产品基本还集中在钥匙扣、书签、抱枕等品类，具有一定的同质化倾向。但是近几年文创设计工作开始逐渐由对"物"——具体的产品或物品的设计，转向对"事"——与产品相关的事件、体验或情境的设计，从产品内部要素的探究转向对产品外围要素的拓展，从狭义的、传统的、具体的"产品"设计转向广义的包括服务、体验等多方面的"产品"设计。

比如逛博物馆"盖章"已经成潮流，盖完章的本子、册子及盖章的体验整体成为一个充满文化内涵的文创"产品"。集章，俨然已经成为许多人参观博物馆的必备环节。一批集章爱好者也已出现，满满当当的集章本对他们来说，是值得珍视的宝藏。在湖南省博物院、重庆中国三峡博物馆等博物馆的盖章点往往里三层外三层地排满了游客，如图2-40、图2-41所示。

图2-40　湖南省博物院集章点

图2-41　重庆中国三峡博物馆盖章处

相比于走马观花看文物的传统参观方式，"集章"的过程更像另一个版本的集邮票，参观者在不同场馆搜集特色集章本和印章，每一次盖章都如同获得了该馆的"限量版"纪念品。

以湖南博物院为例，其镇馆之宝之一的"狸猫纹漆食盘"，源自1972年马王堆一号汉墓的惊世发现。此漆盘上，狸猫形象跃然其上，大眼灵动，体态丰腴，胡须根根分明，四肢虽隐却显灵动，长尾悠然上扬，尽显优雅之姿。图2-42与图2-43所展示的，正是以此狸猫形象为灵感设计的集章本与体现城市和博物馆特色的印章图案。

图2-42　湖南省博物院的集章本

图2-43　湖南省博物院的部分印章图案

一件好的博物馆文创产品究竟是怎样的？有专家认为：未来博物馆将成为公共创意的中心，而博物馆文创产业将会是一种针对博物馆的人文体验，通过好的博物馆文创产品可以将博物馆的记忆长久储存起来。可以说，我国的博物馆文创行业近几年虽然已经进入发展"清晰有序"的阶段，但是随着博物馆的社会功能更加完善，其未来的发展更加值得期待。

由IP引导的文创产品设计

2.3 ||| 由IP引导的文创产品设计

如果说，由传统文化和博物馆文物主导的文创产品所讲述的故事是单集精彩大片，那么基于某个文化主题所打造的文化IP的出现，就是要以此为元素讲述系列故事，IP就是这个系列故事中的主角。

现在几乎所有的文创产品都在借助或者创造IP以延长其所衍生的系列文创产品的生命周期，文创产品几乎到了"一切皆IP"的时代。这样的现状离不开自媒体的快速发展，大家都在借助自媒体讲故事，只要故事讲得好，各种IP都可以被炒作起来。网络剧、畅销书、网红等都有IP出现，在这之中也有博物馆的IP。

让我们再聊一下那只故宫猫，这只猫获得了2016中国旅游商品大赛金奖。设计师以故宫猫为IP衍生出一系列灵动、可爱的文创产品，如图2-44所示。身穿皇帝衣服或宫廷侍卫服装、眼神萌萌的形象被广泛用于抱枕、水杯、手机壳、冰箱贴等日常用品之中，并且它还可以延伸到其他业态，比如大电影、美术绘本等。

图2-44　故宫猫衍生的文创产品

◎ 2.3.1　从"IP"到"IP文化"

IP究竟是什么？IP原本是"Intellectual Property"的缩写，即知识产权。而现在它有了新的定义：特指一种文化之间的连接融合，有着高辨识度、自带流量、强变现穿透的能力。我们将这种长变现周期的文化符号称为"文化IP"。因此，文化IP也从最早的文学、动漫和影视作品延伸到传统文化等其他领域。

除了北京故宫博物院的包括"故宫猫"在内的一系列IP及其本身这一超级IP外，陕西历史博物馆的"唐妞"、敦煌研究院的"飞天"、甘肃省博物馆的"绿马"（如图2-45所示），都算得上是各大博物馆重点开发的文化IP，这些文化IP都可以在对应博物馆的天猫店首页迅速搜索到相应的标题或衍生文创产品。

图2-45　甘肃省博物馆的"绿马"

再如《清明上河图》这样的画作、茶颜悦色这样的茶饮品牌等均可成为文化IP。"文化IP"可以是一个故事、一个角色、一个符号或者一种文化现象，其需要具备独特的文化内涵和广泛的影响力，能够引发消费者的情感共鸣和认同感。文化IP的基础依旧是文化内容，并且各IP以其优质的原创内容或文化元素的重构聚合了一批初代粉丝，通过衍生成影视剧、游戏、文创产品等方式使粉丝群体以指数级增长，同时反哺原始文化IP。两者形成相互支撑、相互融合的生态链条，最终文化IP价值得以转换、变现、放大和生态化。

◎ 2.3.2　文化依旧是基础

IP这个词刚出现的时候，有些人认为IP仅是一部小说、一部电影或一个人，其实这些只是IP的输出方式。IP自带流量，是以具象化形象为载体的感情寄托，不同国家的文化各不相同，因此流行的文化IP也会不同。

IP形象只是外在的形式，IP本身包含的文化内容中的故事与元素才是基础。

高髻峨眉、面如满月、体态丰满、宽袖长裙，漫画人物"唐妞"一出现，就迅速获得了人们的喜爱。与其说人们喜爱她的外在形象，不如说人们喜欢的是以中华传统文化为魂、以唐朝侍女俑为原型打造的原创IP形象。图2-46中是以"唐妞"这一原创IP形象衍生出的各类文创产品。

图2-46 "唐妞"形象衍生的各类文创产品

在2019年青岛国际版权交易会蓝谷IP国际高峰论坛上，"唐妞"的创作者介绍，"唐妞"的出现始于讲好唐文化故事的目的，最终从陕西博物馆收藏的文物中选定了唐朝的侍女俑，从中提炼元素，使其成为更可爱、更萌的Q版"唐妞"，同时也保留中国传统国画的特色。现在，"唐妞"已成为陕西省历史博物馆的形象代言人之一。

支撑"唐妞"这个IP形象的是唐文化，从2019年电视剧《长安十二时辰》的爆红，就可以看到人们更在乎影视剧背后真实的历史故事和文化。《长安十二时辰》带我们走进唐玄宗治理下最繁荣昌盛的时期，剧中的十二时辰环环相扣，步步惊心。而"唐妞"同样是有着深厚历史文化背景，融合西安十三朝古都历史文化底蕴的一个原创且独特的卡通人物，以历史情感为切入点吸引消费者。如果说"唐妞"IP所衍生出的一系列文创产品是一个个小故事，那后续的《唐妞丝路日记》《唐妞说长安》《唐妞说日常漫画》《唐妞的二十四节气》《唐妞读唐诗》就是以"唐妞"这一形象为故事主角开启的一系列精彩大片。这一系列的文化内容都是围绕着与唐文化相关的元素展开的，这也是"唐妞"IP衍生出的所有文创产品的基础。

同样是人物IP形象，体态俏丽、持乐歌舞、翱翔天空的敦煌"飞天"IP形象所象征的则是向往自由、勇于探索、超越自然以及一种积极向上的美学基调。此外，敦煌"飞天"还包含佛教因素并蕴含"天人合一，和谐发展"的哲学思想。由其衍生出的文创产品中最吸引消费者的是其蕴含的独特美学元素。图2-47中是一带一路画敦煌系列涂色书，全书共四册，以敦煌"飞天"为主题，内附半透明硫酸纸和罕见壁画影像。书的左页是真迹影像，可以用临拓古法描摹壁画，也可以在右页对应的黑白线稿上涂色。

图2-47　"飞天"衍生的文创产品——一带一路画敦煌系列涂色书

　　兵马俑被誉为世界第八大奇迹和20世纪考古史上的伟大发现之一，并被列入《世界文化遗产名录》。说起秦朝，很容易让人联想到"强大"二字，历经商鞅变法后的秦国拥有强大的经济实力，远交近攻的战略加上良臣杰士，以及一路所向披靡的秦国军队。这些无疑都是秦始皇兵马俑博物馆值得打造的IP形象，其中"秦俑"IP象征的是拥有钢铁般意志的铁血战士。

　　坚韧砥砺的秦人与他们的秦国，以及坚韧创新的精神，共同铸就了大秦帝国。这种精神延续千年而不朽，在新时代里，依然指引着我们前进的道路，这也是"秦俑"IP吸引消费者的主要原因。图2-48是由"秦俑"衍生的文创产品——文件夹袋。

图2-48　秦始皇兵马俑博物馆和"秦俑"IP衍生的文创产品

相较于各大博物馆丰富的馆藏品，主题博物馆的IP内容就比较单一，甚至其中大部分博物馆对于自身的文化内容还没有进行相应IP文化内容的重构。

桃花坞原是苏州的一处地名，位于曹雪芹笔下的风流富贵之地——阊门内北城下，因桃花坞木刻年画曾集中在这一带生产而得名，与天津杨柳青木刻年画有"南桃北杨"之称。现在的桃花坞木刻年画博物馆依旧坐落在桃花坞，具体位置在苏州市级文保单位朴园里。年画对于中国人来说有着浓浓的吉祥意味，桃花坞木刻年画中的桃花更是为这份吉祥添足了分量，因为桃文化在中国传统文化中充满了吉祥的寓意，民间百姓认为它可以纳福避灾。博物馆内也栽种了许多桃树，博物馆内小径上有鹅卵石铺就的"福寿双全"，花园里有"和合二仙"石，此外，还在博物馆的特定场景内对年画的贴法进行了展示。商店里的是"招财进宝""开市大吉"，寓意财源茂盛；客厅里的是"三星高照""八仙过海"，寓意高朋满座；卧室里的是"花开富贵""早生贵子"，寓意夫妻之间和和美美。

年画常常被局限在春节使用，只作为寓意吉祥如意的图案而出现。此外，真正了解它们的人少之又少。例如极少有人知道门神其实有三对组合，而且他们的故事生动有趣，又充满祝福的意味，完全可以衍生出众多可日常使用的文创产品。可惜的是，它们被设计师忽略了。虽然它们依旧以原汁原味的年画图案在每年春节准时"出镜"，但是，谁说年画和年画里的角色非得在春节才能"出镜"呢？也许年轻消费者看到由有趣又吉祥的年画人物和图形衍生的配饰后会很乐意购买，比如以图2-49中暗八仙的纹样衍生出的如图2-50所示的发饰、手机支架等。

虽然神像图腾、戏文故事、民间传说、吉祥喜庆、风土人情、仕女儿童、花卉鸟兽等均能入画，也可衍生有趣的文创产品，但一定要保持原先鲜艳夺目的色彩，丰满均衡的构图，明快简洁的线条与质朴生动的形象。如果要像其他博物馆一样选一个最值得打造的IP形象，那么苏州桃花坞木刻年画博物馆首选的就是"一团和气"，如图2-51所示。

宋代朱熹《伊洛渊源录》卷三引《上蔡语录》："明道终

图2-49　苏州桃花坞木刻年画中的暗八仙纹样

图2-50　"瑞彩仙琼"系列文创产品　　　　图2-51　"一团和气"年画

日坐，如泥塑人，然接人浑是一团和气。"明代成化皇帝朱见深为强调皇室团结，以免萧墙之祸，特绘"一团和气"作为号召。在和气可亲之外又增添了"团结一致，和容相处"的含义，也是桃花坞年画"一团和气"的精髓。图2-51的图案中央是头戴红花，扎羊角发髻，活泼天真、憨态可掬，又似稚童，又似老妪的笑脸，身穿锦团服饰，头佩"日月同春"银锁，手捧"一团和气"卷轴，给人喜气洋洋的感觉。图案整体呈圆形，寓意"团圆、圆满"，表达了人们在新春佳节盼望家庭和睦、生活幸福、诸事顺遂的美好愿望。"一团和气"年画是桃花坞年画中影响极深、流传很广的传统佳作，也是桃花坞木刻年画的经典题材。

博物馆的IP可以比较容易地借助博物馆自身的流量招募到众多粉丝，在中国传统文化中也有众多内容值得并且可以进行转化。虽然最初与中国传统文化相关的热门IP基本都是以影视剧为主，但是渐渐地也出现了不少以博物馆、历史遗迹等为基础形成的中国传统文化的热门文化IP。

从《花千骨》到《诛仙》，众多影视剧让更多人喜爱上了古风文化，渐渐形成各种古风主题的文化IP。关于"古风"一词，在中国古籍中是指当时社会已经逐渐衰弱或者濒临消失的某种风俗习惯，该词在《论语》中指前朝礼乐制度背后的风俗习惯和精神风骨。由此可见，对古风文化的追求在古代社会便有，表现的是某一历史时期人们对前朝社会文化和思想的怀念与传承。2005年，由古风音乐逐渐发展的文化运动悄然萌生。随着传统文化的兴起与不断扩大以及后来仙侠小说的风靡，由此改编的影视剧被大众广泛接受，这一系列的发展促使古风文化的影响范围越来越广。古风文化的内容非常广泛，它主要是指以弘扬中国传统文化为基调，以传承中华民族优秀精神为支撑，以音乐、小说、诗歌、服饰、绘本、影视剧、广播剧等为表现形式，结合传统艺术、文学、语言、色彩等诸多中国元素，不断磨合发展而来的一种表现中国传统文化的文化形式。

《花千骨》和《三生三世》吸引的是喜爱各种仙侠剧IP的消费群体，而《知否知否应是绿肥红瘦》和《梦华录》则将我们带入了词意浓浓的宋朝，给我们上了一堂中国传统文化普及课。通过这堂课，我们可以了解古人点茶、投壶、马球、插花、焚香，甚至曲水流觞、即兴赋诗等社交活动，伴随着这些行为，我们也领略到了中国传统文化的精致之处，包括物质文化和非物质文化。因此，当苏州博物馆和绍兴市兰亭景区出现这些活动时，游客们都会兴致勃勃地参加。图2-52所示是夜游苏州博物馆的投壶体验活动，图2-53所示是绍兴市兰亭景区的曲水流觞体验活动。

图2-52　夜游苏州博物馆的投壶体验活动　　　图2-53　绍兴市兰亭景区的曲水流觞体验活动

追本溯源，电视剧也是从文献资料中找中国传统文化元素，因此古籍等文献资料是进行文创产品设计的巨大资源库，文化依旧是文化创意产品设计的基础。

◎ 2.3.3　创意仍然是核心

靠着电视剧同款诞生的文创产品终究是少了分创意，并且产品也受到了道具设计之初所蕴含的文化内容准确性的影响。文化中的故事和元素是前史的遗存，很多已不符合当今潮流，因而需重新对其文化进行解读和创意的表达。

中国国家博物馆（以下简称国博）是中华文化的"祠堂"与"古庙"，馆内收藏了140万余件藏品，独家藏品有人面鱼纹陶盆、大盂鼎、后母戊鼎、鹳鱼石斧图彩陶缸等，充分展现和见证了中华5000年文明的灿烂辉煌与血脉绵延。国博针对这些珍贵的藏品提出了"把国宝文明带回家"的理念，对其进行深度挖掘，二次开发藏品的文化内容，使文创产品成为博物馆展览功能与教育功能的衍生品。图2-54所示是国博的文创产品——以"大盂鼎"为设计元素的3D树脂冰箱贴。

国博可以开发的IP内容非常多，要让这么多的文化内容迅速走入人们的日常生活，IP授权合作是国博选择的方式。馆内的众多陶器、青铜器、瓷器、书画以及基于藏品二次开发的IP资源图库，通过授权实现了馆藏文物和文化元素与品牌的对接，同时也提升了品牌的文化价值。

图2-54　"大盂鼎"冰箱贴

2018年初，国博与肯德基合作，在国内18个城市设立了肯德基国宝主题店。17件精心甄选的国家级宝贝都被"请"进肯德基国宝主题店内。在苏州，消费者可以与《明宪宗元宵行乐图》畅谈意趣风华；在成都，可以偶遇诙谐幽默的击鼓说唱陶；在西安，可以与人面鱼纹陶盆诉说人与鱼的羁绊……人们一边吃炸鸡一边聊聊历史和店内的国宝主题，瞬间觉得手中的鸡腿都"高大上"了。除了在装修上体现主题外，肯德基经典的全家桶也华丽变身为"国宝桶"，桶的外包装上印刷了各种源自国博馆藏文物的吉祥图案：福庆有余、万福如意、锦绣山河等。

2023年有位游客在湖北省博物馆购买了一件"吴王夫差剑"的文创产品，入手后发现这款文创上的标签竟写着"苏州博物馆"。视频被发到网上后，很快冲上了热搜。"太可爱了""博物馆之间的联动很有意思""好想买一把"……网友们纷纷留下了这样的评价。

这是湖北省博物馆与苏州博物馆两馆联动，将馆藏"越王勾践剑"与"吴王夫差剑"进行了文创设计，如图2-55所示。不少消费者专门跑到两地集剑，网络媒体上也掀起了"晒剑"热潮，还有网友带着它在各种景点拍照，美其名曰"仗剑走天涯"，如图2-56所示。

图2-55　毛绒宝剑

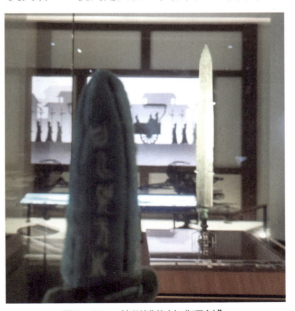

图2-56　苏州博物馆"晒剑"

两馆间的梦幻联动，恰似一场跨越时空的创意盛宴，它不仅重塑了传统文化的表达方式，更以新颖、有趣的形态拉近了公众与历史的距离。毛绒剑的设计灵感来源于古代兵器，但将其转化为可爱的毛绒玩具形式，不仅有历史感和艺术感，还有萌感和趣味性，打破了历史文物的严肃形象，让更多人尤其是年轻群体能够以一种轻松愉悦的方式接触和了解历史文化，而"晒剑"的热潮无形中也让他们成为传统文化的传播者。

通过文物及其衍生出的文创产品，消费者想要看到的是其内在的文化，并通过它们看到特定时代的样貌。在北京故宫博物院的百万件文物中，《清明上河图》有着不可替代的国宝级地位。画卷中展示了北宋时期丰富的城市生活，如连续的茶楼、酒馆、餐厅与汴河上的拱桥；人们争相外出游玩或在城内工作走动，行人中有绅士、仆役、贩夫、走卒、车轿夫、作坊工人、说书艺人、理发匠、医生、看相算命者、行脚僧人以及顽皮儿童等。《清明上河图3.0》高科技艺术互动展演不借助文物、不通过文创实物产品，同样可以让消费者看到北宋城市的宏大规模与气象。这是一场别样而精致的展览，《清明上河图3.0》展馆约1600m^2，共有《清明上河图》巨幅互动长卷、孙羊店沉浸剧场、虹桥球幕影院三个展厅，借助科技从各种维度最大化地营造观展的沉浸感和互动性。

无独有偶，借助特定技术的《姑苏繁华图》也为观众呈现出一个动态的、可以互动的清朝时期苏州繁华的社会面貌，如图2-57所示。《姑苏繁华图》以长卷形式和散点透视技法描绘了当时苏州"商贾辐辏，百货骈阗"的市井风情。这是继宋代《清明上河图》后的又一宏伟长卷，全长1225cm，宽35.8cm，比《清明上河图》还长一倍多。

图2-57 动态的《姑苏繁华图》

但是，新技术只是创意的手段，跨界合作也只是创意的方式，文化内容始终是第一位的，因为设计文创产品的最终目的是传承文化和传播文化。

◎ 2.3.4 人格化是连接粉丝的纽带

有了文化和创意后，想要某一主题的文化IP吸引更多的消费者，通过人格化IP形象往往可以连接粉丝能量、集聚流量。

2019年暑期上映的电影《哪吒之魔童降世》中，给哪吒赋予了"我命由我不由天"的人格，很多人愿意为各种哪吒的衍生文创产品买单。该IP吸引人的原因不仅是因为电影中浓浓的中国传统文化元素、家喻户晓的《封神演义》中的故事以及故事和人物的创新表达，更是因为哪吒用自己"生而为魔，那又如何"的态度与命运进行着斗争。也许很多人在哪吒身上看到了自己的影子，一个不屈服于命运的年轻人的身影；为人父母的观众也因为它的贴近生活而一次次地产生共情。

同样作为故宫超级IP的故宫猫，其所代表的就是灵动可爱，穿上皇帝衣服或宫廷侍卫服装、眼神萌萌的形象被称为"大内咪探"，广泛用于抱枕、水杯、手机壳、书包、手表和鞋子等产品上。其文化IP的打造逻辑是，首先对北京故宫博物院的猫进行抽象化提炼，让其具有故宫的故事性、传承性；然后融入新的创意，完成IP的设定；接着开发设计相应的衍生品，使其具有场景性、体验性和适配性。作为一个超级IP，它还可以延伸到大电影、美术绘本、零售品等领域。

选择故宫猫来打造文化IP，不仅是因为年轻人的喜好，更是以调研结果为指向产生的创意。故宫里的猫是故宫历史的见证者。据史料记载，从明朝开始紫禁城就成立了一个专门管理猫的部门——御猫房。在故宫里常能看到它们的身影，它们也不怕游客，十分呆萌、可爱。这些猫身上浓缩的千年历史文化对比其本身的呆萌、可爱，形成了强烈反差，就像是故宫与普通游客的距离。游客与故宫猫产生了共鸣，就这样一下拉近了大众与故宫的距离，让故宫变得欢乐、有趣。

当人格化的人气IP形象和茶饮进行跨界碰撞，一定会吸引众多的年轻人。比如布朗熊与可妮兔各自携带的IP人格化魅力，让布朗熊与可妮兔主题茶饮店成为年轻人眼中的网红打卡地，如图2-58所示。年轻人除了使用表情包外还可以用一杯茶的方式来表达自己对布朗熊与可妮兔的萌趣人格的喜爱。对于喝什么茶大概消费者并没有过多关注，但是至少借助布朗熊与可妮兔的人气，让茶饮走进了年轻人的生活，也衍生出众多的周边产品。

类似布朗熊与可妮兔的人气IP，虽然拥有了人格化的形象，却往往缺乏深厚的文化和故事支撑，它们的故事线显得相对单薄。相比之下，茶颜悦色则借着一股国潮兴起的东风，不仅成功打造出了自己的

图2-58　布朗熊与可妮兔主题茶饮店

人格形象——一个拿着摇扇的古风美女，更在品牌背后融入了丰富的文化内容，成功塑造了自己的文化IP。这句"但愿君心似我心"的广告语，正是其文化韵味的体现。茶颜悦色因此占据了饮品届中国风市场的空白，让品牌不仅仅是一个符号，更成为一种文化的传承和表达。这样的品牌，其IP形象所衍生出的产品，才能真正称之为文创产品，而非仅仅是周边。一张图、一句话，消费者就与它产生了情感上的链接。创始人"一杯有温度的茶"的理念与"本土"的定位，孕育出了茶颜悦色IP角色基本人设——贴心的、市井的、温暖的文化气息，就如同家人一样，贴心却不过度热情。此时，它就不再只是一杯茶，而是一种文化符号。其次，在产品命名上也极具古风：声声乌龙、烟花易冷、蔓越阑珊……单听名字，就充满了诗情画意。视觉上，茶颜悦色对于中国风的诠释深刻到位，为每家主题店赋予不同的传统文化元素，营造文化体验空间，刷新大众对于茶文化的认知，如图2-59所示。而其开发的各种文创：调香茶、茶杯、雨伞、挎包、手机贴、笔记本等，与传统文化的嫁接也十分惊艳。

图2-59 茶颜悦色不同主题的店铺

基于超级IP开发的文创产品并不是简单的形象衍生，文化元素不仅要加上创意，还要注重IP背后人格化的塑造，才能构建真正的超级IP。超级IP的建立不单单可以为文创产品带来丰富的创作内容，还可以向下延伸，衍生出更多形式的产品。整个IP产业链可以划分为内容层、变现层、延伸层、支撑层。从最上游的以网络文学、漫画、表情包以及传统文化为主的内容层，到中游以电影、电视剧、网络剧、游戏以及动画等领域为主的变现层，再到包含衍生品尤其是文创产品、主题公园、体验馆等的延伸层，IP连接着特定主题的传统文化，让其有了各种状态的表达和传播方式。

2.4 文旅融合下的旅游文创产品设计

文旅融合下的旅游文创产品设计

2018年是文旅融合元年，截至12月14日，全国31个省（市）文化和旅游厅（委）挂牌全部完成。2018年底，政府层面的文旅融合已经全面完成。文化是人类所创造的精神财富和物质财富的总和，并且具有一定的地理性、物质性、历史性、传承性；而旅游是实现文化传承和发展的载体，文化是旅游的灵魂。文化和旅游的结合生成了一种将人文旅游、社会旅游和自然旅游等相结合的流行新形式。这种新形式不仅可以带来令人身心愉悦的美景，同时也对经典文化资源所衍生出的旅游文创产品的创新性、独特性提出了更高的要求。

◎ 2.4.1 乌镇

在文旅融合的背景下，除了各种主题文化乐园外，水乡文化无疑是江南地区最吸引人的一个旅游主题。江南的古镇很多，比较有名的有同里、周庄、西塘、南浔、角直和乌镇。然而，当乌镇率先创新性地把自己从水乡古镇打造成文化小镇之后，它和其他江南水乡之间的差别便一目了然了。到目前为止，它是江南古镇中保护性开发做得最好的一个，也是旅游发展最快的一个。乌镇景区已不是单纯的观光游景区，而是一个集休闲度假、养生养老、文化创意于一体的国际休闲文化小镇，在完成IP重塑的同时也形成了一系列崭新的古镇旅游文创产品。

乌镇作为一个水乡古镇，如图2-60所示，是人们休闲度假，感受江南烟雨蒙蒙、诗情画意之景的好去处。乌镇的特色产品涵盖了衣、食、住、行，有草木染的衣物可穿、有乌镇果子可食、有乌酒可饮、有临水的客栈可住、有乌篷船可行。虽然乌镇本身作为一个水乡古镇的"大"文创产品，给用户的体验非常好，但是具体到衣、食、住、行的具体实物产品与其他水乡古镇的产品相比差异依然不是很大。

图2-60　乌镇西栅

（1）创IP

乌镇福鱼是乌镇众多文创产品中的一款，具有独特的文化寓意，如图2-61所示。

乌镇福鱼是大黄鸭之父霍夫曼参考大黄鸭的设计理念设计的一件作品。福鱼，应用中国吉祥文化中谐音的表达方法，即富裕。到了水乡怎能不捕一尾福鱼带回家，当福鱼被制作成一系列商品之后，自然就非常受欢迎了。"福鱼"这一IP成为乌镇第一个被系列化打造的形象，其形式也衍生出除T恤之外的手账本、手拎袋等文创产品，如图2-62所示。从福鱼系列产品中可以看到，古镇文创产品的开发要以古镇历史文化为魂，依托一定的物质载体，将文化融入其中进行旅游开发，使得文化符号化，并通过特定的符号叙事语境形成特定的文创产品。

图2-61　沈家厅纪念品商店和福鱼T恤

图2-62　福鱼系列文创产品之福鱼手袋

（2）延续本身的物质文化遗产

乌镇作为一个有着1300多年历史的古镇，除了通过结合本身的特点创造新的IP衍生出旅游文创产品外，还可以通过对原有的物质或非物质文化进行旅游文创产品的开发。

乌镇的草木本色染坊位于西栅景区，在这里可以看到蓝印花布传统印染工序，如果感兴趣，还可以在此体验挑布的乐趣，做一块自己喜欢的蓝印花布。前店后坊的模式沿用了之前乌镇人开店的模式，如果不想自己做，可以在前面的店铺中购买现成的包与衣服，如图2-63所示。染坊有着浓浓的江南味道和传统工艺特色，从纹样设计、花稿刻制、涂花版，到拷花、染色、晒干都遵循着祖辈留下的工艺。晒场中高高的架子上挂着的蓝白色花布在阳光下看起来很美，以此为背景拍上一张美照已成为其不同于其他景点的特别体验，如图2-64所示。

图2-63　西栅景区的草木染店铺

图2-64　晒场

乌镇也将乌镇蓝印花布的这抹蓝色打造成为乌镇的一个特"色"。蓝印花布最初以蓝草为染料印染而成，是中国的传统民间工艺，距今已有1300多年历史。古籍《二仪实录》中记载："缬，秦汉间始有。"缬，是印有花纹的丝织品。在宋代，蓝印花布工艺日趋成熟；明朝设有织染局，基本上垄断了织染业；直至清朝，民间染坊开始涌现。乌镇是蓝印花布的原产地之一，现在乌镇是仅存不多的蓝印花布产地。悠久的历史和仅存不多的产地之一，也值得让乌镇将其打造成为自身的一个重要文化符号。各民宿门口的指示，小吃店内的桌布，还有阿姨头上的方巾等，几乎随处都可在乌镇看到蓝印花布元素，如图2-65所示。

蓝印花布的原料土布及染料均来自乡村，工艺出自民间。旧时，浙江一带的农村家家户户都使用蓝印花布，窗帘、头巾、围裙、包袱、帐子、台布等都可以用它制作，其曾是人们不可或缺的生活元素。本身非常接地气的特色使其极其适合被重新设计，并再次融入消费者的日常生活中。在一些小店里也能看到以蓝印花布为文化元素设计的文创产品，比如手账。但是这种贴图式的传达方式比起带着土布特有质感的包、衣物等，对于游客的吸引力下降不少，如图2-66所示。

除了蓝印花布外，乌镇还有三白酒、花灯等物质文化，与蓝印花布店铺的门庭若市相比，图2-67中的花灯店铺则是门可罗雀。与蓝印花布品类繁多的

图2-65　乌镇各种蓝印花布文化元素

图2-66　蓝印花布元素在布衣书和笔记本封面上的应用

图2-67　花灯店铺

衍生产品相比，花灯的衍生品几乎为零，其依旧保持着传统的形态和功能。但是，到了元宵节，游客一定会增加购买的欲望，哪怕是在平日里，只要了解到乌镇"提灯走桥"的传统，很多游客也不免忍不住要体验一回。古时，在元宵节这天，乌镇的居民会提着灯笼走过十座石桥，寓意和过去告别，亦象征十全十美，在新年里讨个福寿双全的吉利。现在，游客可以提着微弱发光的灯笼，穿梭在西栅的夜景光影间，用古老的方式提灯走桥，融入江南的水乡之中。这种行为文化也是文创产品设计的一项内容，同样可以衍生出各种创意满满的旅游文创产品。

（3）延续本身的非物质文化遗产：独特的体验也是文创产品

手里提着祈福的灯笼，如果还能穿上一套美美的汉服，那便真的仿佛穿越回千年前的梦里水乡了。每年10月是乌镇的戏剧狂欢节，海内外的游客蜂拥而至，为的是体验戏剧氛围；西塘每年11月初都会聚集众多汉服爱好者，以体验中华传统服饰文化、礼仪文化。所以，独特的体验也是各主题乐园、景区能够带给消费者的独一无二的文创产品。

随着汉服越来越火，穿汉服出行的人也越来越多，很多人没勇气在大都市穿汉服出门，到有着古朴建筑的古镇体验一下汉服便成了不二之选。乌镇等水乡古镇都有汉服体验店，如图2-68所示，商家可以帮客人化妆、做造型，店里也有非常多的服装和发饰可供选择，还可以配上各种小道具，比如团扇、油纸伞、绣花鞋、汉服包等。

图2-68　汉服体验店

文旅的融合让人们在游览的同时不仅想要享受美景、快乐，还有了对知识的渴求。很多汉服爱好者穿着汉服走在古镇中，有时会被误认为是穿了韩服，这从侧面反映了很多人对中华传统服饰的认识还不够。由于高品质汉服的制作成本普遍超过日常服饰价格，并不容易将有关汉服的传统文化进行推广，但是汉服体验为汉服文化的传播提供了一个新途径。

◎ 2.4.2　拈花湾和东方盐湖城

如果说乌镇融合了各种文化元素，内容繁多，那么图2-69中的无锡拈花湾就是主题明确、内容统一的禅意文化主题景区。乌镇本身有着千年的历史，文化底蕴深厚，从物质文化到非物质文化都可以进行衍生文创产品的开发。但是对于国内众多的类似拈花湾这样全新打造的度假小镇，给游客带来的旅游文创产品主要集中在与其自身主题相关的实物类文创产品和各种体验上，尤其是和小镇主题相关的体验上。

图2-69　无锡拈花湾禅意小镇

（1）心灵的体验

拈花湾的命名源于经典故事《拈花一笑》和小镇所在地块形似五叶莲花的神奇山水构造。其建筑风格源自唐朝时期的建筑结构，再融入江南小镇特有的水系，打造出一个自然、人文与生活方式相融合的旅游度假目的地，让人们体验禅意生活，开创心灵度假的休闲旅游新模式。

类似的文化主题景区还有图2-70中的常州东方盐湖城。拈花湾是盛唐佛教主题，东方盐湖城则是魏晋道教主题，虽然两者风格略有差异，形式却较为相同，都是全新打造的主题休闲度假小镇。景区本身是一个"大"旅游文创产品。和乌镇一样，它们给消费者营造的是一种感觉，乌镇是水乡古镇，拈花湾和盐湖城则分别是盛唐佛家风格与魏晋道教风格的禅意。

图2-70　常州东方盐湖城

（2）动"手"的体验

第二类文创产品是各种文化体验，如陶艺、剪纸、抄经等，两个景区几乎差不多，如图2-71所示。但是由于茅山道士和道家名山茅山的缘故，在茅山脚下的东方盐湖城内画符会让人产生"正宗"的意味，得到一份特殊的体验，如图2-72所示。

图2-71　剪纸体验

图2-72　画符体验

虽然剪纸体验与画符体验都只是一个过程，但是游客在体验后都会选择把自己剪完的图案和画好的符纸带回家，前者可以作为装饰品，后者则是祈福的物品。两者都需要以实物类的产品作为载体，前者使用红纸和装裱的镜框，后者使用空白符纸和布袋。图2-73中最上方的产品就是景区体验区内售卖的用来装符的小布袋，可以在画完符后将符装入袋中，放置在包内或悬挂在家中。这些载体的形式并不固定，都可以成为文创产品设计的内容，都可以有更好的创意呈现，从而让不同景区的体验也变得不一样。

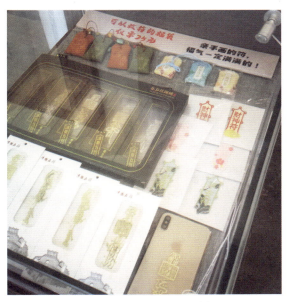

图2-73　道教主题的文创产品

（3）归家后的回忆

第三类是普通的实物文创，其中又可以分为两类，一类是结合景区主题文化内容衍生的产品，另一类是景区自己打造的IP衍生产品。例如东方盐湖城景区主要围绕着道教的"符"开发设计文创产品，主要类别集中在挂饰、手机壳、书签等常见的种类，但是产品本身并没有结合地域特点，亦没有包含景区特有的文化符号，使得文创产品的吸引力大大减弱。鉴于东方盐湖城景区在文创产品开发上的现状，其实仍有着巨大的提升空间。当下，打造文旅IP已成为文旅市场的发展趋势，这为东方盐湖城提供了宝贵的机遇。一个成功的景区文旅IP形象，不仅仅是商品，更是景区文化与游客情感连接的桥梁。它需要能够准确地体现出景区的特色和核心价值，让游客在游览之余，还能通过这些IP形象带走一份独特的记忆。

比如长沙的杜甫江阁，选择以建筑外形和杜甫的人物形象为基础，设计了一系列可用于集章的明信片，如图2-74所示。这些明信片让游客在离开后还拥有一份实体的纪念，加深了他们对景区的印象和情感连接。

图2-74　杜甫江阁及其IP文创形象与衍生文创

东方盐湖城，作为以道教文化为主题的景区，可以通过形象设计，将道家的哲学思想、修身养性的理念，以及景区特有的自然景观和建筑风格融为一体，创造出既具有文化内涵又富有创意的IP形象。并且，基于这些IP形象，还可以开发出一系列游客可以带回家的商品和回忆。

因此，对于以历史文化为特色的景区，可以通过选择具有典型代表性的历史人物或故事作为形象元素；对于以自然风光为特色的景区，可以选择具有象征性的动植物、山水等作为形象元素。以此为基础设计旅游体验，与游客进行互动亲近。关于互动性，不得不提到大唐不夜城，其立足盛唐文化，先后围绕"不倒翁小姐姐"特色表演项目、历史人物"李白"等元素，打造了一系列文化IP，并通过提供沉浸式的唐朝历史场景体验之旅，成功吸引了广泛关注，实现了影响力的跨越式提升。通过增加互动性，无论是人与人之间的，还是人与物之间的，都能借助统一文化内涵的景区文旅IP更好地吸引和留住游客，使他们成为景区的忠实粉丝和推广者。

◎ 2.4.3　西江千户苗寨

贵州雷山县是苗族历次大迁徙后的主要聚集地，创造出了无数灿烂的苗族文化，而地处雷山县东北部的西江千户苗寨便是体验苗族文化的最佳去处。由前面讲到的三个不同主题的景区可以总结出，在文旅融合下，主题景区的旅游文创产品通常由体验和实物文创共同营造出景区的主题氛围，传达给游客特定的文化内容。西江千户苗寨旅游文创产品的组成如图2-75所示。

吊脚楼、长桌宴……▶▶　**体验**　文化主题内容　**实物**　◀◀　银饰、蜡染衣饰……

图2-75　西江千户苗寨旅游文创产品的组成

　　西江千户苗寨是苗族原始生态文化保存完整的地方，由十余个依山而建的自然村寨组成，是目前中国乃至全世界最大的苗族聚居村寨，是苗族文化的活化石。朴素无华的苗寨聚集了很多苗族人家，向山上望去，吊脚楼沿着山势上升，小溪在山下蜿蜒流淌，充满了自然、安逸的气氛和独特的意韵。在这里，游客最想要体验的就是特色鲜明的民居建筑、多彩的服饰文化，以及厚重的民族风情，如图2-76所示。

图2-76　西江千户苗寨

（1）独特的体验

　　一般来到西江的游客都会至少住一晚再走，一则是为了体验一下住吊脚楼的感觉，二则是为了欣赏西江的夜景。层层落落的木质吊脚楼依江而建，呈阶梯状逐级抬升，与自然和谐共融。在中国历史上有"北人穴居，南人巢居"之说。南方从巢居发展为干栏式建筑，而西江千户苗寨的吊脚楼则是其先民在山区的环境下基于传统的干栏式建筑进行了创建，形成了穿斗式木质结构的吊脚楼。整个房子的框架为榫卯衔接，在山地斜坡建屋不但节约耕地，还具有良好的通风、防潮效果，充分体现了"天人合一"的思想。通过吊脚楼可以看到包括建筑文化在内的众多中国传统文化的内容。但是大部分游客并没有过多关注这些文化内容，融在吊脚楼中的中国传统文化被简化成居住的感觉。

"民以食为天"这句话在西江千户苗寨也得到了印证，游客们觉得最有意思的民俗体验就是"长桌宴"。苗家的长桌宴风俗已有千年的历史，是苗族宴席的最高形式与礼仪，通常用于接亲嫁女、满月酒的宴饮活动。左边是主人座位，右边是客人座位，主客相对，敬酒劝饮并对酒高歌。这些活动现已成为西江千户苗寨的一项重要民俗体验。在饮食的过程当中，苗族的姑娘会带着自己的酒来敬客人，游客们在这里会吃到苗族特有的美味，感受到苗寨里人们的朴素与热情。

在大部分主题景区中，完成了吃、住和当地特色民俗的体验，景区能够传达给游客的文化内容也就基本完整了。如果说水乡古镇和汉服搭配，那么西江千户苗寨则更搭配苗族服饰。很多游客都会在观景台上穿上苗族服饰和身后的苗寨全景来个合影，如图2-77所示。

图2-77　观景台上体验苗族服饰的游客

虽然在很多游客的眼中苗族服饰只有一种，但其实苗族服饰有130多种形式，并且不同区域的苗族服饰也各有差异。湘西方言苗区和黔东方言苗区喜好银饰，黔南某些地区喜好贝饰，而西部方言区苗族服饰则少银饰。在苗族的服饰上还可以看到许多传统工艺，比如苗绣、蜡染、银饰工艺等。一套真正、完整、精致的苗族服饰的做工是非常复杂、耗时的，其售价也是颇为昂贵的，我们也能从整套服饰中进一步了解苗族的文化和服饰传统工艺。

（2）基于传统工艺的创新

苗族的蜡染工艺已有千年历史，与乌镇的蓝印花布相比，两者的印染材料和工艺都有所差异。蜡染工艺首先要将自产的布用草灰漂白洗净，然后用煮熟的芋头捏成糊状涂抹于布的反面，待晒干后用牛角磨平、磨光。接着，以白布为画面，把蜂蜡融化，以铜刀蘸蜡作为"画笔"，绘制出各种美丽的图案。之后是浸染，将画好的蜡片放在蓝靛染缸里，五六天后取出晾干便得浅蓝色，再放入染缸浸泡数次便得深蓝色。如果想要在织物上同时出现深浅两色的图案，可以在第一次浸泡后，在浅蓝色上绘蜡花后再浸染。当蜡片放进染缸浸染时，有些蜡封因折叠而损裂，于是便产生天然的裂纹，一般称其为"冰纹"。最后，经过冲洗、清水煮去蜡质、漂洗后，布上就会显出蓝白分明的花纹。在西江千户苗寨的很多店铺中都可以买到蜡染的布艺产品，也有体验蜡染工艺的店铺，但是当蜡染工艺脱离苗族服饰文化后，便失去了本民族的特色。因为脱离了民族服饰这一载体后，大部分产品并没有经过创意设计，并且蜡染工艺并不是苗族所独有的，导致制成的服饰和背包的吸引力下降很多。

银饰也是苗族服饰的重要组成部分，苗族银饰的加工全是以家庭作坊内的手工操作完成的。银匠会根据需要先把熔炼过的白银制成薄片、银条或银丝，利用压、刻、镂等工艺制出精美纹样，再焊接或编织成型。为何苗族银饰制作多是家庭作坊呢？因为苗族有着"以银为结，以银为彩，以银为荣，以银为贵"的信念，苗族人一生用银极多，即使是在不断迁徙的时代，也在手脚、双耳等处佩戴适量的银饰以求长命富贵，驱鬼辟邪。苗族银饰艺术始于巫术图腾活动之中，其所具有的意义已经不单在于装饰，而有了趋吉避凶的新内涵。

苗族银饰自明代盛行至今，已有400多年的历史，是苗族人生活中最为重要的器物，也是青年男女定情信物。但是，走在西江千户苗寨中可以发现，苗银的这两个具有特色且不同于表层装饰性的内涵并没有被用来进行衍生文创产品的设计和推广。

在西江千户苗寨的中心有一座西江千户苗寨博物馆，向人们展示着苗族发展史，成为观赏和研究苗族传统文化的大看台。通过博物馆可以了解到苗族的图腾崇拜，而这些图腾是银饰等工艺图案的重要组成部分。在苗族古歌中，传说是枫木生了蝴蝶妈妈，蝴蝶妈妈又生下了十二个蛋，由鹡宇鸟孵化出苗族的祖先姜央和他的十二兄弟。也许西江的蝴蝶可以像乌镇的福鱼一样，通过设计重构来对自身丰富的物质和非物质文化进行表达和传递，成为西江千户苗寨的一个文化符号。同时，西江的建筑也可以和乌镇的蓝印花布一样成为西江千户苗寨特有的文化符号。

与乌镇、拈花湾等统一打造的景区不同，西江千户苗寨中多是私人开设的店铺。店主们都是靠着本民族的传统手艺开设店铺，或者利用自家的房屋经营民宿，因此，几乎所有的产品都存在包装简单甚至没有包装的状况。如果只是游客自己消费并没有什么问题，但是一旦作为伴手礼赠送给亲朋好友就不合适了，并且被赠送的人并没有来当地游览，如果有包装，那么包装上的文字或者说明书也能对文创产品本身包含的文化元素起到补充说明的作用。

总之，文化是旅游的内核和灵魂，旅游是文化的载体，也是感受、体验文化的过程。在文旅融合的背景下，为特定的主题景区进行文创产品设计时一定要结合地域特色，并将其放在第一位，为产品找到独特的文化符号；其次，不要把文创产品的形式局限在实物形态；最后，包装也是文创产品设计的一部分。

2.5 乡村振兴背景下的旅游文创产品设计

乡村振兴背景下的旅游文创产品设计

乡村振兴战略是习近平总书记2017年10月18日在党的十九大报告中提出的战略。

通过挖掘乡村文化，开发具有乡村特色的旅游文创产品，可以丰富乡村旅游的内涵，更好地带动乡村旅游业的发展，赋能乡村振兴。

以苏州吴江区江村为例，把其历史、昆曲、饮食等文化内容通过创意设计融入旅游文创产品中，不仅能弘扬江村的特色地域文化，还能基于提炼的文化IP打造特色旅游。将地域的文化故事注入文化创意产品中，不仅起到对乡村宣传的作用，还极大提升了其文化内涵，同时也可以促进区域经济发展。

江村的另一个名字是开弦弓村，一水弯似弓，一水直如箭，故成村名。开弦弓村位于太湖南岸，距湖仅3km，历史上该村所处的这一区域历来湖中张网捕鱼，地上种桑养蚕，春天菜花澄黄，秋来稻谷沉甸。

在与当地居民交流，深入了解本地文化后，首先完成了其IP形象的设计，如图2-78所示。虽然没有阳澄湖的大闸蟹有名，但是来自太湖的"六月黄"也深受不少老饕的喜爱，亦是当地的特色美食。另外，以此IP形象为基础还可以开发一系列人们常用的日用品，如手机支架、手机壳、纸巾盒、杯子、杯垫等，如图2-79、图2-80所示。

图2-78　江村IP形象

图2-79　江村特色纸巾盒和杯子　　　　图2-80　江村特色杯垫

然而，当地的美食远不止这些，还可以将当地的美食和非遗文化等经过设计后以台历为载体呈现，如图2-81所示是部分台历页面。而其出土的文物也可以与日用品，如杯、碗、肥皂等结合。图2-82所示是当地出土文物以及基于其设计的餐具和肥皂。

图2-81　部分台历页面

（a）文物　　　　　　　　　（b）餐具　　　　　　　　（c）手工肥皂

图2-82　江村出土文物及其衍生文创产品

不同于都市旅游，乡村文创要走差异化发展路线，乡村文创产品的设计不仅限于对文物、当地特色的创意设计。瞄准市场需求，吸引潜在游客群体，才能产生大量消费需求，进而带动乡村餐饮、娱乐、住宿、休闲等相关产业发展，如图2-83所示是乡村传统手工艺体验文创产品。在乡村振兴大背景下，开发乡村文创可以产生发展经济、改善民生、传承文化的综合效应，围绕文创开发形成合力，充分活用乡村文化资源，为乡村振兴增添一抹美丽风景。

图2-83　乡村传统手工艺体验文创产品

2.6 设计尝试：定位你的文创产品设计的起点

无论是从熟悉的中国传统文化中寻找文化元素，还是去博物馆寻找新的文化内容主题；无论是从一个原创IP形象开始，还是从文旅融合的设计点出发，这些都只是一个起始点，在后续的文创产品设计过程中，还可以将其余的设计点融入其中，带来更多的设计方案。我们现在第一步要做的是先按这样的分类去收集相关的文创产品，分析其中的爆款；然后选择文创产品设计的起点，开始你的创意。

请从以下五种不同文创产品设计的来源找寻优秀的案例，对其进行分析并尝试确定自己的设计起始点。五个文创产品设计来源为：自己感兴趣的传统文化、博物馆里的文物、创造一个文化IP、文旅融合和乡村振兴的背景。

第 3 章

确定文化元素——"观"

　　选定不了文化元素或找不到合适的文化元素怎么办？你可以尝试以观察用户作为设计的起点，文创产品的设计出发点既可以是文化元素，也可以是用户。

　　如果以用户为出发点就要去观察用户、了解用户的需求，这样设计出来的文创产品才有意义，并能提供给用户一定的价值。与之相反，如果文创产品的设计并没有达到用户的要求，那么这个产品就会变得毫无意义。

　　但是，由于文创产品还有着表达文化、传承文化的要求，也可以从特定的文化元素着手。因为很多时候用户也不知道自己想要的究竟是什么样的文创产品。

观察用户

观察用户是一个过程，实现这个过程的方式是多样的，唯一的目的是发现特定用户的需求。所以观察用户前还需要做很多准备工作。第一个要做的就是甄别用户。例如想要为苏州博物馆设计一款旅游文创产品，在一开始就要设定好目标消费群体，如它是为远道而来的游客设计的还是为本地居民设计的，是为高收入的人群设计的还是为学生群体设计的。因为这些人群的需求完全不一样，比如游客更多的是想把博物馆的文物衍生品带回家，本地居民更热衷于参加博物馆举办的民俗体验；高收入的人群不会太在意价格，但是学生更偏爱物美价廉的文具产品。

又如想针对20~30岁的女性人群以苏州园林中的文化元素设计一款银质产品，但是无法判定究竟该以高收入者还是以学生为目标人群，就可以用问卷的方式再加上访谈，对目标人群进行分类。通过问卷法和访谈法收集用户信息，可以为银质产品设计提供重要参考。

所谓问卷法是指调查者通过统一设计的问卷向被调查者了解情况、征询意见的一种资料收集方法，如图3-1所示是以银饰消费者为目标用户的调查问卷。访谈法是指通过访员和受访人面对面地交谈来了解用户体验的研究方法，通过访谈所获得的内容可以被筛选，然后组织起来形成强有力的数据。此外，对于文创产品设计的用户调研，还要注意地点的选择，景区、博物馆和文创商店等地是较佳的场所。

图3-1 调查问卷

接着就可以进入观察用户的重要阶段——挖痛点。文创产品和旅游纪念品不完全一致，文创产品不一定要具备回忆的功能，它可以立刻为用户所使用，提升和创造游客体验也是其重要的功能之一。比如在炎炎夏日买一把团扇，再去游览苏州园林；在雨天买一把西湖绸布伞在断桥上走一走；在云南大理换上当地少数民族的服饰逛一下古街。

通过各种方法采集数据仅是第一步，然后可以运用不同的方法对采集的数据进行分析，这对于挖掘用户痛点来说非常重要，如图3-2所示的调研后的数据分析图表。能起到同样作用的还有故事板，无论是在数据采集还是数据分析的过程中，故事板都能起到非常重要的作用。故事板起源于动画领域，但是现在被应用在广告、产品设计等众多领域，其以图表的方式来说明构成，用连续的画面作分解并加以标注，从而帮助研究者和设计师理解用户心理与行为、用户使用场景、用户需求，以此对产品在使用过程中出现的状况做出设想和规划。

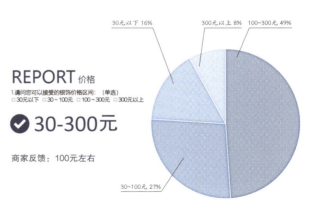

图3-2　问卷分析

当确定了目标用户后，可以明确故事角色、使用情景、环境气氛、整体感觉等，其表现形式可以比较粗糙，但要图文结合，版面应安排得空旷，以便于随时添加内容。图3-3所示是根据游览武汉大学的樱花爱好者的游览场景而绘制的用来发现用户需求的故事板。

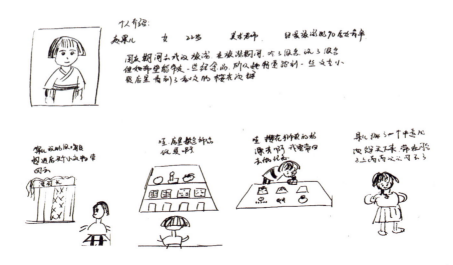

图3-3　目标用户在樱花季节去武汉大学游览时购买文创产品的情景（作者：赵智芳）

简要绘制故事板的过程是一个很好的数据采集和思路整理的过程。情景故事板是通过讲故事的方法来构建用户使用物品的场景，从而发现并寻找问题的解决方案。而文创产品本身就是一个讲故事的过程，设计师要讲的就是一个能被用户读懂的从文化到文创产品的故事，在读懂的过程中也解决了用户的痛点，因此这样的方法非常适合用来设计各种类别的文创产品，一个完整的情景故事板一般包含人、物、环境、事件/行为四个方面的要素。

很多游客慕名来到苏州园林，发现门口有很多售卖汉服的商店，觉得购买汉服去游览园林的体验一定非常棒，于是花了昂贵的价钱购买汉服来到拙政园游览。结果在拍照的时候发现由于身上没有配饰导致拍出来的照片效果并不佳，而且在无形之中又增加了行李的重量，给下一站的旅程带来不便。

接下来我们就用故事板的几个要素来绘制用户的实际游览状况和痛点。首先是确定故事的角色。故事角色一般是一个人或一群人，在上述案例中就是一个年轻的女孩，同时她还是一个汉服爱好者。第二步，构建故事场景，包括时间、地点、环境、人物活动空间等。案例中的场景是春夏之交的旅游旺季，在苏州拙政园门口有很多汉服商店，女孩忍不住买了一套汉服去拙政园游览。第三步，将一个故事讲完整。接着，女孩发现在拍照的时候因为没有道具的配合使得照片效果单一；并且在游览完园林后，背着一大包汉服非常不便……

将这个故事板视觉化的时候，要有选择地绘制画面，画面不要求有多精美，表现出用户的痛点即可，后续设计的时候要有针对性地解决用户需求，也为最终的设计方案提供有力的支持。如图3-4所示是使用纸面绘制方法完成的发现问题的故事板。除了纸面绘制的方法外，还可以用计算机绘制，如图3-5所示就是使用矢量软件绘制的解决汉服体验痛点的故事板。

图3-4　使用纸面绘制方法完成的发现问题的故事板

网上下单订购汉服体验服务　　到达景区附近的汉服体验店　　当场选定妆容、配饰等　　确定归还时间、押金

提取行李继续下一个景点　　归还汉服　　在景区内自拍　　寄存行李

图3-5　使用矢量软件绘制的解决汉服体验痛点的故事板

调研方法

　　从观察用户即用户调研的角度出发，相关的调研方法可以分为多个维度和类型，这些方法各有特点和适用范围。此处讨论的方法归属设计调研阶段的第一步——数据采集，以及数据采集之后的第二步——调研分析。而基于调研分析之后的设计创意阶段将在第4章讨论。

　　表3-1中所介绍的是部分数据采集方法：除了前面提到的单人访谈法、问卷法之外，还有观察法、焦点小组法的内容简介及优缺点分析。

表3-1　部分数据采集方法简介及优缺点分析

方法	内容简介	优点	缺点
单人访谈法	一对一深度访谈	深入了解动机、态度；灵活追问；数据质量高	样本量有限；数据主观；耗时、成本高
问卷法	设计问卷，收集标准化数据	数据量大，效率高；数据标准化；成本低（在线问卷）	数据质量受填写态度影响；开放式问题难分析；设计需专业技巧
观察法	观察用户行为、态度和环境	数据真实、客观；发现行为细节和模式；减少对用户干扰	表面现象，难深入内心；对观察者经验要求高；耗时、成本高
焦点小组法	集体访谈，围绕主题讨论	收集多方意见；相互启发；适用于探索性研究	群体压力影响；数据偏定性；需要有经验的主持人

表3-2中所介绍的是部分调研分析方法，即数量对比分析法、卡片归纳分类法、故事板法、用户旅行图法的内容简介及优缺点分析。每个方法的优缺点都可能因具体的应用场景、团队能力和资源限制而有所不同。因此，在选择调研分析方法时，应综合考虑项目的需求、目标和可用资源。

表3-2　部分调研分析方法简单介绍及优缺点分析

方法	内容简介	优点	缺点
数量对比分析法	通过对比不同数据点或数据集之间的数量关系，揭示趋势、模式或差异	直观展示数据差异和趋势；量化分析，结果客观；便于快速识别问题和机会点	可能忽略非量化因素；数据解读可能受主观影响；需要大量数据支持，获取成本高
卡片归纳分类法	制作代表用户需求、问题、观点等的卡片，并对其进行分组、排序和归纳，以揭示其内在联系和优先级	灵活易用，适合快速整理信息；促进团队合作和共创；有助于识别关键主题和模式；可视化呈现，便于理解和沟通	依赖于参与者的主观判断；可能产生多个分类方案，需进一步验证；处理大量数据时可能效率较低
故事板法	通过图像和简短文字叙述来讲述用户故事或产品使用场景，模拟用户在特定情境下的行为、决策和情感体验	生动展现用户场景；共情用户；促进创意发散和问题解决；可作为设计原型的一部分，辅助设计决策	制作过程可能耗时；依赖于设计师的创意和表现力；难以全面覆盖所有用户场景；需要不断迭代和验证以确保准确性
用户旅行图法	描绘用户在完成特定任务或流程中的一系列步骤、决策点、情感体验和接触点，帮助团队理解用户整体体验	直观展示用户体验流程；识别痛点和机会点；指导产品设计和优化	可能过于简化复杂流程；需要准确的数据和用户反馈作为支撑；绘制过程可能耗时且需要专业技能；难以完全预测用户行为的变异性

值得注意的是，当设计的主题已经确定为某种文化元素时，无论是数据采集还是调研分析阶段，都应该考虑结合文化元素进行用户观察，让问卷设计、用户访谈等结果更有针对性，为后续的设计工作提供更加有力的支持。

观察文化元素

当选择从文化元素开始设计的时候，首先需要做的依旧是"观"，只不过这次被"观"的对象是和要进行设计的文化元素相关的各种资料。与文化元素相关的"观"的目的是收集最原始的素材。

当选择从文化元素着手的时候，千万不要在一开始就想好设计什么样的文创产品，因为这样有可能会错过很好的创意！

　　无论是从博物馆的文物出发还是从中国传统文化中寻找到的文化元素出发，或者是从建筑、自然风光中的文化遗产出发，没有规定说哪种类别的文创产品就是最佳的形式，只有在充分了解文化元素后才能找到合适的载体。文化元素类型多样、范畴有大有小，只有在观察之后才能确定值得去表达的内容。

　　以图3-6所示的文创产品为例，设计师并没有在一开始就选定"苏州的桥"这个文化元素，而是从"苏州运河十景"这个较大的文化主题着手，但是在观察之后，设计师发现"苏州运河十景"这个主题包含的可设计的文化元素非常多。因此，设计师尽可能多地收集与其相关的资料，其中就包括"苏州古桥"这个文化元素。此外，设计师并未预先设定以加湿器或杯垫为设计载体，再将苏州古桥的图形图像简单套用于其上。相反，设计师是在完整地观完收集到的与文化主题紧密相关的资料后，再基于各个文化元素本身的特点去思考载体。在这一过程中，设计师发现苏州运河十景中有五处景致均包含桥的元素，非常适合做一组系列化的产品，因此才有了一组4个的杯垫。值得一提的是，宝带桥作为其中最负盛名的古桥，结合游客对苏州"烟雨江南"这一经典意象的深刻印象，设计师巧妙地选择了加湿器作为载体，旨在通过加湿器细腻的水雾效果，营造出一种烟雨朦胧、意境悠远的氛围，使产品不仅具有实用性，更富含深厚的文化底蕴与审美情趣。

（a）苏州运河十景之枫桥夜泊和盘门三景

（b）杯垫和加湿器（作者：吴怡萱）

图3-6　苏州运河十景中的桥及相关文创产品

因为没有在一开始就设定好文化元素的载体，所以不会有意识地往自己想要设计的产品类型上靠，只是纯粹地收集和文化元素相关的资料，所以才会掌握更多的资料为后一步的"思"提供更多可能性。

同样以"苏州运河十景"为主题，由于观察和关注到的点不同，最后应用于设计的文化元素也就会不同，载体是为了表现文化元素而顺其自然、恰到好处地思考出来的。同样的主题，"观"与"思"结合的过程不一样，最后的创意和产品也会有所差异。如图3-7所示的U盘也是以"苏州运河十景"为文化主题衍生出的产品，但是选取的是十个景点中标志性的建筑，然后进行图形图像的设计，再以U盘为载体去进行创意表达。

图3-7　"苏州运河十景"主题U盘（作者：李娜）

"观"的内容是文化元素，"观"的方法和手段可以多种多样，并且是交叉使用的。在苏州古桥系列杯垫设计的前期阶段，设计师通过多种方法深入挖掘文化元素。设计师不仅实地观察，还详细查阅了相关文献资料，更对苏州运河十景所蕴含的文化符号进行了细致的比较。由此发现，单独一座桥或许不足以凸显苏州的地域特色，但当这些古桥的元素组合在一起时，便展现出了独特性和丰富的故事性。收集文化元素时，文献资料查阅法、分类比较法、观察法都是比较常用的方法。

◎ 3.3.1　文献资料查阅法

文献资料查阅法是通过查阅文献资料了解、证明所要研究对象的方法。互联网资源的共享为我们提供了资料查找的便利，但是我们要学会甄别资料的准确性。查找的来源也不要局限于互联网搜索到的结果，论文、专著、期刊、报纸都是很好的资料来源。

以"拙政园花窗"为主题的文创产品设计案例为例，第一步通过网络搜索得到大量的资料。但是要先对这些资料的准确性打个问号，因为很多内容都是经过作者主观加工修饰的，未必是原始的文化元素。再次，虽然设计的主题是拙政园花窗，但是如果我们将两者割裂，仅观花窗而不去了解拙政园的文化，就可能导致后续的设计方案非常单一。

所以，在有主题地查看文献资料时不妨把"观"的范围略微放大，即使没有限定主题也可以查看不同文化内容的资料。我们可以去"观"的文献资料包括有关拙政园的故事、从建筑角度去了解花窗、从纹样的角度去了解花窗等这些内容的书籍，如图3-8所示。

图3-8　查阅与"拙政园花窗"主题相关的书籍

◎ 3.3.2　观察法

对于拙政园花窗这种能够实地去看的文化元素，资料看得再多，也比不上实地观察。只有实地去"观"才会发现拙政园中的花窗种类非常多；才会发现拙政园花窗上的图案都有着各种不同的寓意；才会发现不同时间段花窗和光影之间的有趣呼应；才会发现不同季节花窗和周围景物之间所产生的构图变化，如图3-9和图3-10所示。

图3-9　拙政园花窗的实地观察——种类繁多的花窗

在观察文化元素的同时还可以同步去观用户，因为"拙政园花窗"主题文创产品的目标消费群体就是拙政园的游客。两种方法的同步运用能够让我们收集到更多资料，为准确表达文化内容主题提供更有用的信息。

图3-10　拙政园花窗的实地观察——花窗与光影、花窗与景物

在实地观察时可以借助手机拍摄大量的资料，但是在实地观察时也会有一些思考，可以用笔记录下来或者用动态视频边拍边记录，还可以通过手绘的方式记录下一些文化元素和对它的思考，这些都是非常必要的手段，如图3-11所示。

在用手机、相机和手绘记录文化元素时，要记住我们并不是在拍摄风景照，所以景物全景照和风景速写通常不是我们所需要的。需要着重拍摄的是单一的文化元素，手绘的目标是记录在"观"的过程中觉得有趣的、能启发创意灵感的文化元素的外观、纹样等。

图3-11　用手机、相机和手绘记录下的文化元素

◎ 3.3.3　分类比较法

所谓分类比较法是指按照物质或意识形态划分文化，并根据对象在某些方面的相似、相同或相异处得出结论。

继续以"拙政园花窗"主题文创产品设计为例。在"观"的过程中可以将拙政园和颐和园相比较，也可以将拙政园的花窗和恭王府的花窗进行比较，这是江南私家园林和皇家园林之间的比较。毫无疑问，私家园林与皇家园林首先在整体的园林风格上有着巨大的差异。私家园林多布局自由、建筑朴素、清秀淡雅，园林的分割和布局非常巧妙，把有限的空间进行分割，充分采用了借景和对景等造园艺术。而以颐和园为代表的皇家园林多呈宏丽之势，集各地名园胜景于一园，主要表现于前朝后寝、轴线对称、一池三山、仿景缩景、障景漏景等方面。

拙政园内的花窗在相互比较之下也是各有特色。有给人带来无限想象空间的空窗（又称"月洞"），其特点是外来之景如画一般镶嵌在"画框"之中，他人观窗中之人犹如一幅动态的肖像画。观赏的角度不同，画框中的画与人也不同，如图3-12所示。随着时代的变迁，空窗也不拘泥于满月这种形式了，还有弦月、梅花、桂叶、花瓶、双菱、六角等形状。图3-13中的设计就是利用空窗的这种意境所衍生出的文创产品。

除了空窗外还有半窗、长窗、纱窗和最

图3-12　空窗

图3-13　空窗衍生出的文创产品

常见的漏窗等。漏窗的题材内容最为丰富，根据塑造的方法和材料的不同，又可分为搭砌和捏塑两种类型。搭砌造型材料多用瓦片、青砖、木头、毛竹等；常见的图案有鱼鳞、秋叶、破月、套钱、海棠、波浪、球门、九子、书条、竹节、定胜、条环、菱花、橄榄、梅花、冰纹、宫式万字、六角穿梅花、葵花、灯景、如意等式样。捏塑漏窗需要技术极为高超的匠师来制作，除了制作难度较高外，投入也高了许多。因此，在苏州各园林中的数量并不多。其中堪称经典的当属狮子林内的四雅漏窗——四个不同形状的漏窗一字排开，分别塑有古琴、棋盘、书籍、画卷的图案，表示琴、棋、书、画的"四雅"含义，颇具文化与艺术欣赏价值。比起空窗因"空"而具有的意境，漏窗上的图案更值得我们进一步思考其中蕴含的文化，目前设计师也多以其中的图案作为元素进行衍生产品的设计，如图3-14所示的书签。

图3-14　漏窗及其衍生出的书签

这种纵横交错的相同文化元素的比较，除了会对后续文创产品的设计风格定位起到辅助作用外，也会让设计师在后续的"思"的过程中有目的地寻找文化元素本身的独特性，设计出具有唯一属性的文创产品。同样我们也可以用图片的形式将这种对比记录下来，以获得更直观的感受，如图3-15所示。

图3-15　拙政园的搭砌漏窗和沧浪亭的捏塑花窗

在进行"观"这一步骤的时候，应尽可能全面而准确。图3-16中是以虎丘塔为主题的文化元素的收集，对于虎丘塔的外观和虎丘塔出土文物的收集还是比较全面的，但是少了对于细节的观察及与其他同类文化元素的对比，这就会让后期进行进一步思考时少了很多创意出现的可能性。

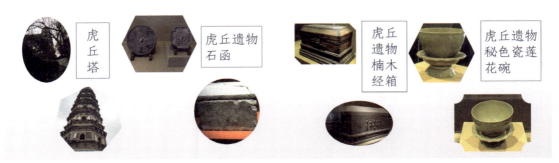

图3-16　虎丘塔相关文化元素收集

设计尝试：
确定并深化你的文化元素

通过第1章和第2章的学习，你是否已经找到感兴趣的文化元素了呢？如果没找到，不妨用第3章中的方法，先观察用户，用故事板记录他们的故事；再用问卷法、访谈法等方法获得数据，以发现用户的痛点；接着，继续使用故事板的方法把你的解决方案展示出来，在解决的过程中融入对于某一文化元素的表达，如图3-17所示。

图3-17 "观"的两个方面

如果已经有了选定的文化元素，可以通过查阅文献资料、实地考察、分类比较等各种方法对其进行了解，并用手机、相机和画笔等工具记录下"观"的成果。在"观"的时候，流程顺序并不是固定不变的，既可以先观用户，也可以先观文化元素。在完成"观"的步骤之后，将成果"粘贴"在一张空白的纸张上，为下一步的"思"做好准备。

第 4 章

从文化元素到
文化载体——"思"

目前，大多数由博物馆文物和中国传统文化衍生出的文创产品的品类大同小异，产品载体比较相近，书签、笔记本、冰箱贴、明信片、水杯、帆布包几乎成为文化元素的万能载体。如果文化元素和载体本身的契合度不好，文创产品的文化内涵自然无法充分展示。因此，对于文化元素依旧要进行深入的思考，再为其找到合适的载体，这也决定了文创产品文化附加值的高低和创意的优劣。

对于文化元素最初的思考，首先要对其文化元素应用的形式进行确定。以花窗为例，由空窗衍生的台灯应用的主要是空窗的精神和意境；由花窗衍生的书签应用的主要是花窗的外形和图案。此外，还可以应用文化元素的行为和过程。

◎ 4.1.1 外形和图案

相对来说，外形和图案的应用是为载体附加文化元素中最容易的一种方式，前面提到的书签、笔记本、冰箱贴、明信片、水杯、帆布包等"万能载体"都是较好的选择。但是，同样是外形和图案的应用，在与不同载体结合的设计过程中，也会因创意的不同导致迥然不同的效果。

以"太湖石"文化元素为例。太湖石是中国古代著名的四大名石、奇石之一，因盛产于太湖地区而闻名。《扬州画舫录》中记载："太湖石乃太湖中石骨，浪激波涤，年久孔穴自生。"无论是气派的北方皇家园林还是精致的南方私家园林，都少不了太湖石的点缀。太湖石由于长年受水浪冲击，产生许多窝孔、穿孔、道孔，形状奇特竣削，常以瘦骨嶙峋、千疮百孔的面目示人，这种奇特的风格受到了文人墨客的追捧。宋代著名画家米芾制定过一个关于太湖石的标准，即"瘦、皱、漏、透"，直到现在仍然被奉为"金科玉律"。苏州留园内的冠云峰乃太湖石中的绝品，齐集太湖石四奇于一身，图4-1中便是太湖和留园的冠云峰。

图4-2所示为"太湖石"主题的文创产品，其中前两款产品都是陶瓷茶杯，第一款是将太湖石的外形绘制在茶杯上，第二款是将太湖石的外形融入茶杯底座。相比之下，单纯地将太湖石作为平面化的图形描绘在器物上，完全不能体现太湖石"瘦、皱、漏、透"的特点。第三款是以太湖石的整个外形为元素设计成的首饰，不单体现了太湖石最重要的特点——"瘦、皱、漏、透"，还巧妙运用银饰加工的特定工艺和银的材质特点，对太湖石的质感进行了表现。

（a）太湖　　　　　　　　　　　　　　　（b）冠云峰

图4-1　太湖和留园的冠云峰

图4-2　"太湖石"主题的文创产品

在应用传统文化元素的外形和图案进行文创产品设计时，有些文化元素是需要保持"原汁原味"的，比如名人书画，而纸胶带是承载名人书画文化元素的理想文创产品载体。但是大部分传统文化元素需要进行提炼概括，打散重构，融入时尚化、现代化的元素后才能满足当下消费者的需求。

夹缬采用蓝靛染料，夹染出蓝底白花图案，图案以吉祥寓意为主，兼以花鸟虫兽纹样。图4-3中为蓝夹缬衍生品缬韵，其沿承夹缬的传统印染技艺，将传统图案和材料进行大胆创新，将传统纹样图案注入现代时尚元素后应用在不同的载体之上，比如日常用品、服饰首饰、文人书签等，使之成为具有文化气息的现代手工艺品。

图4-3　蓝夹缬衍生品缬韵

使用花窗元素进行设计的书签大多仅将花窗中的图案进行提炼，然后将其装饰性地应用在书签上，如图4-4所示。而图4-5中的拙政园花窗书签不仅具有图案原本的装饰性，还对花窗的图案进行分割，赋予其功能性，可以用来夹住纸张。

在良渚博物院的文创商店里有两款基于馆藏文物衍生的文创产品，设计师从文物中提炼了图形纹样，虽然都使用了金属材质，但是应用了不同的工艺，分别以回形针和首饰为载体进行文化元素的表达，如图4-6和图4-7所示。

图4-4　喜上眉梢花窗书签

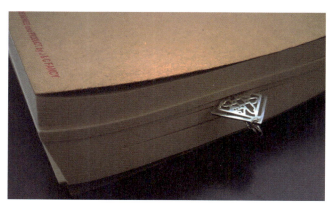

图4-5　拙政园花窗书签

图4-6　良渚文物回形针

图4-7　良渚文物首饰

尽管很多时候我们提炼的仅仅是文化元素的外形和图案，但是应用的方式并非一定是平面贴图的方法，借助材质和工艺会让载体的形式创意无限。

◎ 4.1.2　行为和过程

第二种文化元素的应用形式是行为和过程，寻找文化与载体在操作上的相似性，并借由载体再现这种行为和过程，从而让用户感受文化元素本身包含的内容。

盘扣是中国传统服装中使用的一种纽扣，在元明时期用来束缚宽松的衣服。人们用布条盘织成各种花样，盘扣的题材多是有着吉祥含义的图案。现在，盘扣和旗袍一起成为中国的一种文化符号。除用在旗袍上外，盘扣也被广泛应用在手袋、珠宝配饰等服饰中，如图4-8所示。请柬和包装是除服饰外盘扣应用的重要载体，如图4-9所示。在此款请柬的设计中，设计师应用的是盘扣的打开方式，而不是仅运用盘扣的图案。请柬中的盘扣多为凤尾扣和三耳扣等，立体的盘扣在给请柬带来浓浓中国风韵的同时也让请柬变得精致起来。此外，盘扣是从古老的"结"发展而来的，古人要使衣服合体、保暖而不散落，便要借助于带子、绳子，使用时就要系扣、打结。"结"的式样很丰富，有束衣之"结"、装饰之"结"等，"绳结"在人们心目中有了各种美好吉祥的寓意。这种"结"也给婚礼带来一种结百年好合的美好寓意，颇为合适。

图4-8　服饰上的盘扣

图4-9　盘扣在请柬上的应用

川剧变脸既是四川一绝，也是中华艺术之瑰宝，名扬四海，享誉全球。如果将这种并非静止的文化元素简单地图形化后再应用在各种载体之上，势必会弱化其本身的文化特点，如图4-10所示。但是川剧娃娃很好地把川剧变脸的过程进行了再现，在玩偶的脑袋四面各有一张脸，只要轻碰一下它的帽子，"叭"的一声娃娃就变了一次脸，如图4-11所示。

图4-10　脸谱面具和脸谱书签

图4-12中的文创产品既是通过抽签来进行真心话大冒险的游戏，也是一种应用文化行为和过程的方式。可以通过传统的摇签法，以45°抖摇签筒出签。签筒还被分为上上签和下下签各个类别，分别对应不同"友好程度"的内容。同样是抽签这一文化行为，载体未

图4-11　由变脸衍生的文创产品

必一定是实物类的产品，微信的"摇一摇"也暗含了抽签的操作过程。

图4-12　由抽签习俗衍生的文创产品

前面提及的湖北省博物馆的"越王勾践剑"，除了可以依据其独特的外形开发出毛绒挂件、发光磁吸、PP夹等创意衍生品（图4-13、图4-14）外，还可以巧妙地借鉴宝剑制

作中"开刃"这一传统工艺过程，将其设计为一款需要用户亲自动手参与才能完成的宝剑形状橡皮擦（图4-15）。这款文创产品不仅展现了文物的外形和图案，更深层次地融入了文物的制作工艺，让用户在体验中更深刻的感受到文化元素的应用。

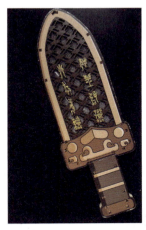

图4-13　发光磁吸　　　　　图4-14　PP夹　　　　　图4-15　橡皮擦

　　还有众多中国风游戏，其虚拟性和可操作性为文化行为和过程的融入带来更多便利，设计师以中国传统色彩、特色建筑、服装、剧情和人物形象等营造氛围，以中国传统民俗习惯来丰富游戏内容。如卡牌类的中国风游戏《三国杀》，这款游戏的特色就是结合了三国时期的历史，为每一个角色赋予了和历史契合的技能，非常有历史文化的代入感。

◎ 4.1.3　精神与意境

　　"只可意会，不可言传"大概是精神与意境借由文创产品传达文化元素的最准确描述，不单是对设计师文化修养的考验，同时也是对其能否对中国传统审美进行准确表达的一种考验。只有当文创产品能够充分表达出文化的深层次精神和意境，才能让用户对其表达的内容心领神会，产生情感上的共鸣。

　　与用户产生情感共鸣，需要文创产品具有能够引起回忆的文化元素，这种元素不一定是产品的具体形态特征，但一定是由形态元素指代的有着特定内涵的民俗文化或情境。因此，表达文化的精神与意境时，借助情感设计是较好的方法。

　　每个城市都有自己的风格和民俗文化元素，每种文化元素也有着自己独特的气息。如果说北京遗留着皇城的大气，那么苏州就延续着千年古城的婉约。去北京旅游的游客无不希望带那么一丝"皇城贵气"回家，而到过苏州的游客则希望能"搬"回一抹小桥流水人家的情怀。因为在情感深处，这就是他们印象中的北京、苏州，对于某个文化元素亦是如此。

　　情感设计作为一种中间语言，可以在文化元素和载体之间找到契合点。它之所以可以作为一种中间语言，是因为它跨越了空间和时间的障碍，尽管它近年来才被人们系统地提出，但是它并不是某个特定时代的产物。情感设计是以人与物的情感交流为目的的创作行为活动。设计师要通过对产品的颜色、材质、外观、点、线、面等元素进行整合，使产品可以通过声音、形态、寓意、外观形象等各方面影响人的听觉、视觉、触觉，从而产生对应文化元素的联想，达到人与物的心灵沟通并产生共鸣。

例如中国的四大名绣因其特点和风格的不同，很容易就能被人们划归和分类。如果说蜀绣的色彩是明快的，那么苏绣的色彩便是清雅的。由此可见，尽管文化的精神与意境是一种无形的内容，但是设计是一种语言，它以其特有的形式（色彩、图案、风格等）将不同的文化元素进行准确而清晰的表达。唐宋时代的首饰"语言"是清秀、雅致；清代的首饰"语言"是浓艳、富丽；宋代的瓷器"语言"是简洁、雅致；清代的瓷器"语言"是艳丽。我们看古装影视剧时只凭借剧中的服装和陈设就能感受到不同的中国风，这便是各种文化元素通过不同的道具载体，借助影视剧进行了准确表达，而用户（即观众）也读懂了其"语言"。

但是，如果只是通过设计语言进行表达，我们沿袭前人的成果即可。例如服饰、团扇都是刺绣的传统载体，日用品、装饰品都是陶瓷的传统载体。但是，文创产品需要的是创意，因为设计也是一种流行的语言，设计师需要考虑当下的语境，即使是有着时代背景的影视剧，在设计道具的时候也融入了当下的审美。例如《知否知否应是绿肥红瘦》是一部以宋朝为背景的电视剧，配色不但很符合宋朝以淡为尚的色彩特点，还考虑了现代人的审美，让当下的用户愿意去读懂它、认可它，再运用到自己的日常生活中。同样要让刺绣以创新设计的新形象继续"诉说"着"四大名绣"的与众不同，通过创意设计能更好地使通过言传身教传承了2000多年的刺绣文化继续延续下去。

图4-16　简约风格的瓷杯

不同设计语言带来了不同的文创产品，有如图4-16中简约风格的瓷杯，也有如图4-17中图案繁复的钥匙扣，通过这些文创产品我们可以感受到特定朝代

图4-17　图案繁复的钥匙扣

的审美。就如瓷器，宋代是风雅、极简的，清代是华丽、繁复的，如图4-18和图4-19
所示。

图4-18　宋代瓷器　　　　　　　　　　　图4-19　清代瓷器

　　情感设计除了有借助于设计语言对文化元素进行表达的功能，还可以应用其产生故事
效应的功能。我们年幼时会因为觉得一样玩具很好玩而舍不得扔掉；年长后会因为对某件
物品有特殊的情感而不忍心丢弃；而年老时会因怀旧对一样物品长久使用下去……无论哪
种状况，物品都因时间的积淀而延续着它和主人之间的故事。中国传统文化有着说不完的
故事，潜移默化地影响着我们的生活，当我们看到相关的文创产品时必然会产生心灵和情
感的共鸣。

　　千百年来，文房四宝一直在中国人的书桌上占据着一席之地，但是随着历史的演变，
当人们书桌上摆放的器物随着时代进步而发生变化后，只有设计师设计出符合现代人生活
习惯的产品，并以此为载体再次准确传达雅文化的内容，让用户认可其表达的精神和营造
的意境，才能延续书桌器物文化，延续中国传统文化中的雅文化。要准确传达这种精神与
意境，先要了解文房四宝的"前世今生"。唐宋以后，随着文人的地位提升和经济文化的
发展，文人的审美也有了很大的提高。收藏文玩器物也就成为当时的一个潮流，集中体现
在对文房器物日益增长的需求上。在当时，各种器物与文人雅士的品位和精神紧密相连，
众多文人甚至撰写了对各种文房器物的介绍和陈设心得，其中以文震亨的《长物志》最为
出名。在卷七中他对各种书房用具进行了详细的介绍，展示了中国古代文人对书房器物设
置的重视，讲究书房的高雅别致，以此营造出一种浓郁的文化氛围。然而，随着现代人书

写工具形式的改变，桌面器物逐渐变得以功能性为主，虽然人们需要购买与生活相适应的桌面器物来满足功能的需求，但是设计师可以通过设计让这些器物再次营造出雅致的意境来体现个人的精神，可以从中国传统文化中提取合适的文化元素延续风雅，设计集功能性和审美性为一体的书桌新器物。

在设计过程中，我们常常有这样的习惯——在一开始设定好要设计的物品名称和形式，比如观完上述的文化元素后，可能就设定了要设计文房四宝。这样的设定导致的结果就是设计没有从文化元素开始，而是把载体作为了起点。想要跳出这样的限制，在开始设计时就要设定好文化元素，即文人书桌上的这种雅文化为设计主题，并从相关文化元素着手，去观相关的文化元素和用户，要避免把自己的设计主题变为文房四宝；接着在"观"的基础上"思"索合适的载体去表现蕴含在雅文化中的精神与意境，最后通过头脑风暴法、思维导图等思考出合适的载体。

所以，有时候载体并不是确定的物品，只是一个具有某个或某些功能属性的物品。

图4-20中是一套以"开门见山"为产品名称的桌面器物，其分别对应文房四宝中的笔挂、笔搁、镇纸、笔洗，但是并不局限于这些功能。所谓"开门见山"，在词典上的解释是指："说话或做事方式直接进入主题，不拐弯抹角。"在中国古代的后院或园林中也常有一处"开门见山"的风景。整组设计提取了苏州园林里最为雅致的揽月门、瓦当和屋檐等元素，融入笔挂产品中，让其造型有了变化和细节。在实际建筑中，从揽月门左右延伸出去的廊房设有飞檐彩绘，显得古雅宁静，与桌面器物所要表达的文人风雅气息不谋而合。透过揽月门笔挂可以看到由陶瓷制作而成的假山，园林里面的假山是由太湖石堆叠而成的，太湖石经过湖水流动冲刷形成透、瘦、漏、皱的特点，每一个都是独一无二的。要表达这样的文化元素，以陶瓷为材质来制作镇尺最为恰当，既符合其功能的要求，又有了观赏性和趣味性。当把假山横置后，就具有了搁笔的功能，两座假山，一座当镇纸，另一座当笔搁。在假山旁边的莲花池就是笔洗了。莲花也是文人争相赞美的主题，用白色的瓷来制作莲花造型的笔洗，与前两者完整地构成了一副园林景色图。借助用户认可的"雅"的设计语言和对于印象中园林的情感，产品实现了借助桌面器物为载体表达雅文化的目的。

整组设计实现了人们书法书写和普通书写的需求，也实现了桌面器物收纳的功能。对于书法爱好者来说，它就是一套现代感十足的文房四宝；而女性消费者完全可以把它当作首饰收纳套装，如太湖石的孔洞可以用来悬挂耳坠等。通过园林中与文人雅士息息相关的元素进行现代文房四宝的设计，将文人的风雅延续在这些桌面器物之中。

当一件文创产品借助情感设计"讲述"着传统文化故事的时候，它必定已经摆脱了仅仅作为一件普通日用品的尴尬境地，更不会轻易地沦为一件消耗品，最终被人丢弃。情感设计只是文创产品设计的一种合适的工具，今后这种创意工具将变得日益锐利，为文创产品的设计带来越来越显著的影响，促使文创产品设计在传达文化的同时也更贴近和考虑用户的心理感受，达到传承传统文化的目的。

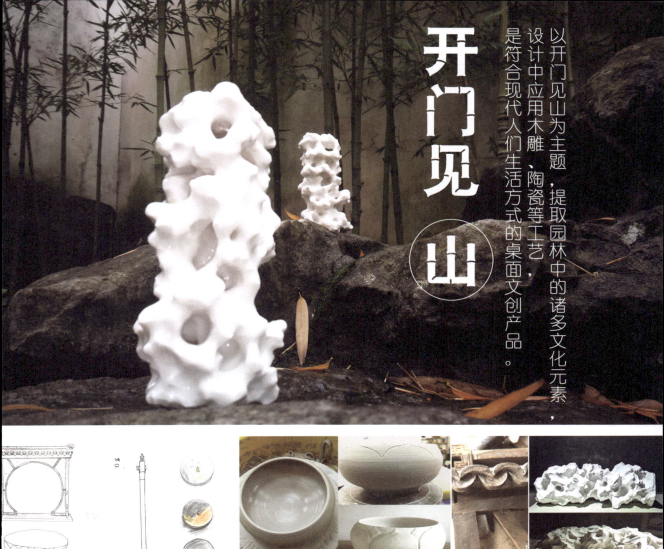

开门见山

以开门见山为主题，提取园林中的诸多文化元素，设计中应用木雕、陶瓷等工艺，是符合现代人们生活方式的桌面文创产品。

图4-20　开门见山

构思文化的应用

外形和图案、行为和过程、精神和意境，这三者都是文化的表达方式和应用形式，思完文化的应用形式，或者说在思考文化应用形式的同时就要思考合适的文化载体。

◎ 4.2.1 构思产品

借助头脑风暴法和思维导图两种工具可以帮助我们找到大量的创意，然后从中筛选。但是，设计师对于文化表达方式和文化元素应用载体的思考是一个连续的过程，思考的结果就是一款文创产品，并且在将文化元素应用形式加载在产品上时，文化的表达方式和应用形式并不是唯一的。因此，可以借助思维导图将特定的文化元素分为三个对应的方面去思考其载体，如图4-21所示。

精神和意境

外形和图案

行为和过程

选定的文化主题/
具体的文化元素

图4-21 对文化载体的"思"

要注意的是，在很多情况下，同一件文创产品上应用的文化元素数量及其形式不止一种，如图4-22所示。

图4-22 文化的表达方式和应用形式的不唯一性

就像前面提到的请柬中不仅应用了盘扣的行为和过程，也应用了盘扣的外形和图案；"开门见山"的桌面收纳不仅应用了雅文化的精神和意境，还应用了文房四宝的使用过程和江南园林中的传统建筑元素。

◎ 4.2.2　构思体验

文创产品的类别范围不局限于初级的产品和工业化产品，也远不是服务类产品能概括的。所以对于文化元素的表达和传递也可以借助体验为载体，用故事板等方法进行设计表达。如何构思的问题我们将在第6章进行详细阐述。

好的设计、好的文创产品设计可能是突然的灵感闪现，当然也可能是通过从数据采集到调研分析再到设计洞察，一步步推导完成的。除了上一小节介绍的头脑风暴法外，此处简单列举一些常用的产品设计的思考方法。

（1）鱼骨图

鱼骨图是一种发现问题"根本原因"的方法。它形状像鱼骨，问题或缺陷（即后果）标在"鱼头"处，在鱼骨上长出鱼刺，上面按出现机会多寡列出产生问题的可能原因，有助于说明各个原因之间是如何相互影响的。

（2）SWOT分析

SWOT分析是一种战略规划工具，用于帮助企业或个人识别与自身相关的优势（strengths）、劣势（weaknesses）、机会（opportunities）和威胁（threats）。这种方法可以对研究对象所处的情景进行全面、系统、准确的研究，从而根据研究结果制定相应的发展战略、计划以及对策等。

（3）2×2矩阵

2×2矩阵是一种简单的分析和决策工具，通过将两个关键因素分别作为横轴和纵轴，形成4个象限，帮助用户对事物进行分类和评估。这种方法可以清晰地展示出不同类别之间的关系，便于用户进行决策。

必须注意的是，文创产品的设计与普通的产品设计本身存在设计目标差异。因此，很多产品设计的思考方法也并不一定适用于文创产品的设计。

首先，从设计目标上来看，设计师在设计文创产品时，会深入挖掘某一文化元素或历史故事，产品是文化的载体，需要能传递出深厚的文化内涵。这样的设计不仅能让消费者在使用产品的过程中感受到文化的魅力，还能激发人们对传统文化的兴趣和热爱，从而达到传播和传承文化的目的。相比之下，普通产品设计更注重解决用户的实际需求和痛点，设计更注重实用性和便捷性，旨在提升用户的生活质量和效率。

其次，从思考路径上来看，文创产品设计需要设计师具备深厚的文化素养和敏锐的设计洞察力，打造出既具有文化内涵又符合现代审美需求的文创产品。而普通产品设计更注重用户研究和市场调研，通过数据分析和用户反馈来不断优化产品设计，使其更加符合用户的使用习惯和需求。

最后，从评价标准上来看，文创产品设计得成功与否更多地取决于其文化内涵的传递效果和用户的文化体验。而普通产品设计成功与否更多地取决于其实用性、便捷性和用户满意度。

这种差异使得文创产品设计成为一个独特的设计领域，需要设计师具备更高的文化素养和设计能力。那么，面对这样的独特性，本书从符号学角度出发，基于文化转译的三个层次（物质层、行为层、精神层）探索文化元素的三种应用，在文创产品设计中基本能够精准捕捉并转化文化元素，并获得较为合适的设计方案。

在文创产品设计中，物质层的转译方法应用最为广泛，特别是在视觉类文创产品设计中，如帆布包、书签、冰箱贴等，如表4-1所列的方法可以在此类别的文创产品中加以运用。

表4-1 文化转译可应用的方法

方法名称	概　念　描　述
解构	将复杂的图形元素分解为简单的组成部分，然后重新组合以形成新的图案或设计
重组	将分解后的图形元素或不同图形元素以新的方式重新组合，创造出全新的视觉效果
简化	去除图形中的非必要细节，保留其核心特征和识别度，使图形更加简洁明了
抽象化	提取图形中的基本形状、线条或色彩关系，忽略具体细节，以抽象的形式表现
夸张	强调图形的某一特征，通过放大、变形等手法使其更加突出，增强视觉冲击力
重复	将某一图形元素按照一定的规律进行多次排列组合，形成具有节奏感和统一性的图案
对称	以某个中心点或轴线为基准，使图形左右或上下两侧在形状、排列等方面一一对应，呈现出镜像效果
色彩提炼	从传统文化元素中提取具有代表性的色彩，并将其应用于文创产品的设计中，以色彩传达文化特色

设计尝试：通过头脑风暴法构建思维导图

现在，请按照图4-21中给出的三个分支对选定的文化元素绘制思维导图。

如果到现在还没有确定你的文化元素，可以尝试用这张表格进行思考，打破你对于文化元素的思考框架。例如从茶文化出发，同步思考文化表达方式、应用形式与载体，将茶的制作过程以系列书签的形式进行表达，如图4-23所示。

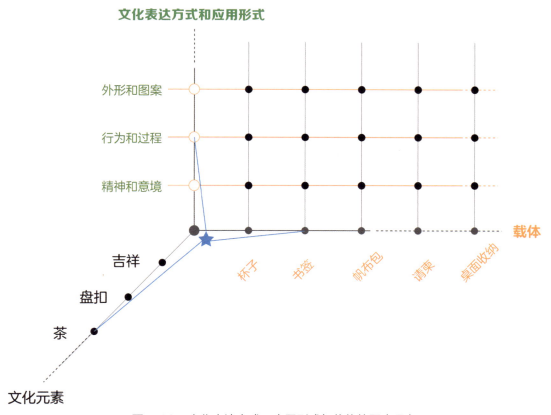

图4-23　文化表达方式、应用形式与载体的同步思考

第 **5** 章

从文化载体到
文创产品——"绘"

绘制方案

在完成了"观"和"思"之后，接着进入第三步"绘"。这一步不单要绘制方案，还包括绘制文创产品的包装和演示版面，只有将其完整地绘制出来，才能构成一个完整的文创产品设计表达过程，如图5-1所示。

在此阶段通过观用户、观文化寻找文化主题；然后通过设计调研、分析后确定文化主题中的亮点元素

用头脑风暴法和思维导图法等方法，思考合适的设计载体，用设计语言表达文化主题和文化元素

图5-1　文创产品设计流程

草图是对设计思考过程结果的表现，它通过快捷的手段、以图形图像的语言把设计师想要表述的内容进行呈现。如果说作家通过文字和语言来呈现自己的作品，那么设计师就要用视觉化的语言——草图、效果图等呈现自己的作品，并且这种视觉化语言可以跨越国界、时空、语言、文字进行沟通，是一种人类共同的语言。因此，运用这种视觉化的语言是每一位设计师应该具备的本领，而草图就是这门语言的入门级要求。

文创产品的草图绘制，根据"思"的结果的不同主要包含两个方面：如果是实物类的产品，需要考虑表现出其形态、色彩等；如果有功能的设计，还需要表现出其使用的方式。图5-2是基于传统提盒元素的取暖器设计草图，在绘制草图的时候就可以将使用场景、使用方式等绘制出来。图5-3是一套基于评弹《白蛇传》设计的情感化茶具，在草图中将各部分功能和文化元素的应用进行了清晰的表达。

如果是以IP为引导的原创文创产品设计，则是从平面化的IP形象绘制开始，再绘制出IP形象应用在T恤、冰箱贴等载体上的产品形式，如图5-4所示。

此外，以图形图像为文化元素，用书签、鼠标垫等平面化载体设计出的产品也是从平面的图形图像绘制开始。以"聊斋梦灵"系列苏扇为例，首先设计的是扇面图形，然后才进行团扇整体的设计，如图5-5所示。如果是文化体验的设计，则可以先绘制流程。

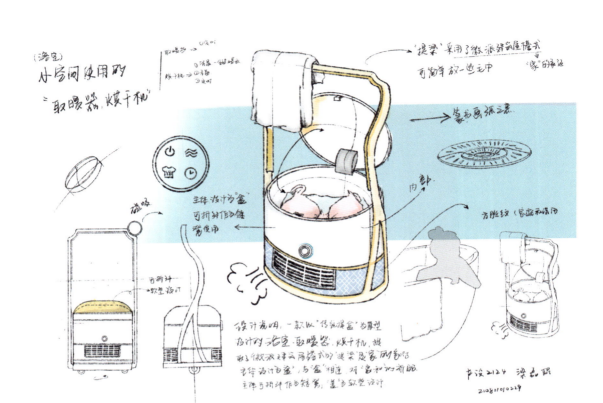

图5-2 "合·和"——基于传统提盒元素的取暖器设计草图（作者：梁嘉妮）

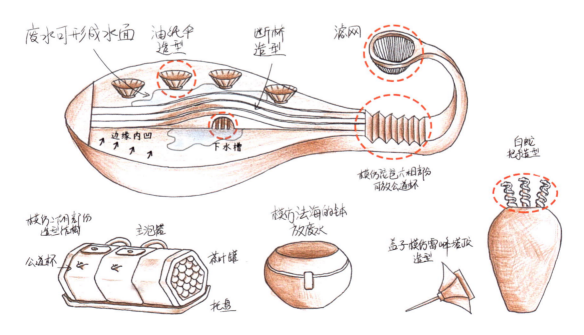

图5-3 评弹《白蛇传》情感化茶具设计草图（作者：朱波瑾）

图5-4　IP形象设计及其在载体上的应用（作者：李娜）

（a）团扇扇面手绘图

（b）刺绣扇面的团扇实物

图5-5　聊斋梦灵系列苏扇

5.2 绘制电脑效果图

　　由于设计图的表现重点不一样，所以绘制电脑效果图的软件也不一样。一般来说，绘制图形、图案和平面化的产品时需要掌握的软件是Illustrator和Photoshop，这两款软件是互补的。绘制立体的、以造型设计为主的文创产品时则需要使用Rhino。

◎ 5.2.1　平面软件的表现

Illustrator软件绘制的是矢量图形，其优点是可以随意放大或缩小。Photoshop软件绘制的是位图，分辨率大于300像素/英寸（1英寸=25.4mm）即可用于平面印刷，优点是色彩丰富，缺点是随意放大或缩小会造成图像模糊。Photoshop中常用的工具有图层、钢笔、画笔、橡皮、选择、模糊等。

（1）使用Illustrator绘制拙政园书签

以拙政园书签为例，应先使用Illustrator把书签的图形绘制出来。因为已经确定以银质书签为载体，花窗图形为表达形式并以银饰工艺来完成制作，所以只需要将书签的平面图形绘制出来，然后交给雕蜡师傅完成后续的雕蜡、浇铸、打磨、成形即可。

新建文件时，因为书签的尺寸小于2cm×2cm，所以只需要自定义建一个宽度100mm，高度100mm尺寸的文件即可，如图5-6所示。

图5-6　新建文件

使用钢笔工具绘制出图形的大致形状，如图5-7所示。

运用锚点工具将直线调整成曲线，初步完成图形的绘制，如图5-8所示。用钢笔工具绘制出来的线条全部都是贝塞尔曲线，贝塞尔曲线由线段和节点构成，而每一个节点都有两个控制点。在绘制过程中，通过调节控制点绘制出自己想要的曲线。钢笔工具配合锚点工具需要多练习，熟练掌握，无论是在Illustrator中还是Photoshop中，这个工具都是非常重要的。

图5-7　绘制书签图形

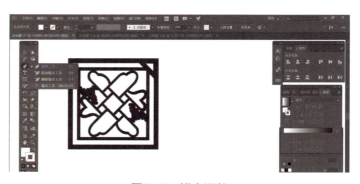

因为线条没有宽度，在调

图5-8　锚点调整

整大小时不会按比例放大或者缩小，所以需要运用轮廓化描边将线条转换为以原有线条粗细为宽度的图形，便于之后的缩放，如图5-9所示。这样就完成了整个书签图形的绘制。

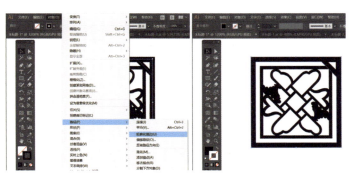

图5-9　轮廓化描边

（2）使用Photoshop绘制帆布包效果图

Photoshop可以便捷地将原创IP形象和图形绘制在帆布包、T恤等载体的效果图上。

用Photoshop打开纯白色帆布包效果图和需要应用在帆布包上的图形或图案，如图5-10所示，分别是白居易IP形象和帆布包载体。

图5-10　打开两个原始图形

使用复制命令将白居易IP形象图形粘贴到帆布包文件中，并将两个图形的大小进行调整，让白居易IP形象图形小于帆布包图形的大小，并使得白居易IP形象图形所在的图层居上，对其应用正片叠底的混合模式完成效果图，如图5-11所示。

图5-11　操作过程和最后效果

◎ 5.2.2　三维软件的表现

Rhino（中文名称犀牛）是一款三维建模工具。从设计稿、手绘到实际产品，或者只是一个简单的构思，Rhino所提供的曲面工具可以精确地制作所有用来作为渲染表现、动画、工程图、分析评估以及生产用的模型。

对于前面2.5小节中的纸巾盒等立体造型的产品就需要使用三维软件来完成其效果图的制作，如图5-12所示即为应用Rhino软件完成的模型。完成模型后需要添加材质后再进行渲染，才能得到用于展示产品的效果图，图5-13所示是使用KeyShot渲染器完成的渲染效果。

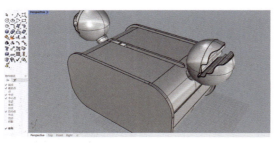

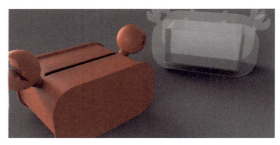

图5-12　Rhino软件完成的纸巾盒模型　　图5-13　KeyShot渲染器完成的纸巾盒渲染效果

　　虽然Rhino自带渲染器，但是通常会使用效果更好的渲染插件、渲染器进行渲染，除了KeyShot渲染器外，还有D5渲染器等，它们都是实时渲染软件。所谓实时渲染技术，即使用者在调节渲染参数的同时能够在软件中直观地看到渲染的效果，从而可以更加方便地设置渲染的参数，提高渲染效率。除此之外，相较Rhino自带的渲染功能，Cinema 4D（C4D）作为一款三维绘图软件，其自带的渲染功能显得尤为出色。在文创产品设计中，C4D可以帮助设计师创建出具有拟人化特征、可爱或酷炫风格的IP形象。

◎ 5.2.3　AI 绘画

　　AI绘画即人工智能绘画，是近年来随着人工智能技术的快速发展而兴起的一种新型艺术创作方式。AI绘画通过学习和模仿大量艺术家的作品，掌握了丰富的绘画技巧和风格，其在文创产品中的应用日益广泛。通过AI技术，设计师能够快速生成具有独特风格和文化元素的图案，这些图案随后被应用于各类文创产品中，如服饰、文具、家居饰品等。AI绘画不仅提高了设计效率，还极大地丰富了设计样式，使文创产品更加多样化、个性化。

　　以"汉服少女IP形象"的设计为例，用AI绘图辅助生成可以通过以下步骤实现。

（1）输入关键词与描述

　　首先，向AI绘图工具输入与汉服少女相关的关键词，如"汉服少女""古风发型""精致妆容""细腻五官""飘逸裙摆"等，以构建基本形象轮廓。然后根据设计需求，选择合适的绘画风格，如古风、水墨、卡通等。同时，可以进一步细化形象细节，如面部表情、发型、服饰纹理等，以增强IP形象的独特性和辨识度。

（2）生成与调整

　　利用AI绘图工具自动生成初步的IP形象。随后，根据需要对生成的形象进行调整和优化，确保其与预期设计相符，并符合设计主题的文化内涵。

　　完成调整后，即可将生成的汉服少女IP形象输出为所需格式，如PNG、JPEG等，后续还可以继续使用设计软件进行调整优化，最后就可在数字平台、文创产品等多种场景中进行应用和推广。图5-14、图5-15所示就是借助AI绘图生成的IP形象及其应用。

图5-14　AI绘图生成的IP形象

图5-15　基于IP形象的衍生文创产品

由于AI绘图技术仍处于不断发展阶段，其生成结果可能受到算法、训练数据等多种因素的影响。因此，在实际应用中，可能需要结合人工干预和创意指导，以获得更加理想的IP形象。

5.3　绘制包装

包装是消费者对于产品视觉感受的第一步。文创产品的包装也需要和产品本身及所要表达的文化主题相匹配，这样才能相得益彰，好的文创产品的包装本身甚至也是一件非常优秀的文创产品。如图5-16所示的古籍珍本橡皮擦套装，如果不是包装上的"橡皮擦"三个字和说明，人们很难一下子想到外面的盒子仅仅是一个包

图5-16　古籍珍本橡皮擦套装

装。该产品以古籍形式的包装来装六"本"古籍橡皮，呼应包装的外形。此外，数字包装印刷技术的发展也为文创产品的包装设计带来了更多的创意。

文创产品包装设计除了要配合运输、仓储、装卸等流通环节的操作之外，最为重要的是要围绕文创产品的文化主题进行设计，向消费者讲述文创产品的文化与创意故事，以助于文创产品的展示，同时延长文创产品的生命周期。再以拙政园花窗书签为例，其为以拙政园花窗特定时节、花朵和花窗的组合情景衍生出系列化的书签文创产品，并且将这种园林中花窗和植物之间的融合意境借助包装进行了再次表达，如图5-17所示。

图5-17　拙政园花窗书签系列文创产品及其包装

该文创产品包装的图形元素主要由园林中的粉墙黛瓦、花窗及花朵图案组成。当消费者第一眼看到产品时就能解读到产品的设计来源，即来源于立春时节粉墙黛瓦映衬下的花窗和花朵组合出的意境。在书签内页还有对于花窗纹样所蕴含的吉祥纹样的说明，在戴上这款既可以当书签又可以当手链的文创产品的同时，用户也会联想到自己似乎把吉祥也戴在了身上，如图5-18所示。

图5-18　拙政园花窗书签系列
文创产品佩戴效果

5.4　绘制版面

除了包装外，用来演示和展示文创产品的版面设计也是向消费者讲述文创产品文化与创意故事，延长文创产品生命周期的重要传达媒介。版面设计又称为版式设计，与排版不同，版面设计更具有创造性和艺术性，可使观看者直接感受到某些要传递的信息。

如图5-19中的圆缺·方满香插文创产品的设计来源，通过产品展板版面中苏州博物馆内建筑的图片得到了更为清晰的讲述，还通过版面对产品本身想要传达的雅致意境和使用情景进行了表达。

图5-19　圆缺·方满香插（作者：杨慧娟）

　　有时候还可以借助版面讲述有趣的故事来引起消费者对于文创产品的好奇。如巴
蜀之韵是从川剧脸谱中提取图形元素，运用錾刻工艺制作完成的金属装饰画。版面中的图形和文字组合在一起传达给消费者一个有趣的关于门神的故事，如图5-20所示。消费者把它们带回家悬挂起来，仿佛请回了两位镇宅、保平安的"门神"。但是如果产品拍摄的场景发生了变化，文字也做了相应更改，那么版面所传达出的故事和主题就会发生改变，如图5-21所示。

图5-20　巴蜀之韵金属装饰画（作者：张映）

图5-21　不同的巴蜀之韵装饰画版面设计

 设计尝试：
完成你的文创产品演示文件

　　根据应用的场景不同，文创产品演示文件的形式多种多样，既可以是PPT格式的电子演示文件，也可以是打印出的实物展板。但是无论是何种形式，它都是用来帮助设计师传达设计概念，演示产品的一个媒介。设计师应该在文创产品的演示过程中表述清楚文化元素的来源和应用形式，并展示最后的产品效果图或者实物图。

　　虽然在演示文件中并不需要包含本章所讲述的"绘"这一步骤的所有内容，但是想要完整地完成一件文创产品，就应该尝试为思考出的设计方案完成本章所涉及的"绘"的所有步骤。

　　首先，尽可能多地绘制草图方案。然后，从中挑选出满意的方案，选择合适的软件工具进行效果图的绘制。当然，确定的方案可能需要完成一件实物，比如核雕、花丝镶嵌等传统手工艺。接着，为产品设计外包装，通过工厂等渠道进行外包装的定制。最后，以文创产品的效果图或实物为主体，进行一个或者多个版面的设计与制作，如果产品是实物，建议寻找合适的空间和环境进行精心拍摄。

第 **6** 章

体验经济下的文创产品设计

 6.1 体验和体验经济

"体验"是第四种经济产出，它常常被归入服务领域，与普通的订餐服务、滴滴打车等混为一谈，其实我们购买的"体验"是一场难忘而独特的回忆，让我们完全以个人的方式参与其中。B. 约瑟夫·派恩和詹姆斯·H. 吉尔摩在《体验经济》一书中，给"体验"的定义为："企业以服务为舞台，以商品为道具，以消费者为中心，创造能够使消费者参与、值得消费者回忆的活动。"而这恰恰也是旅游文创产品设计的准则之一。苏州的创新旅游产品，如网师园夜花园、拙政问雅、夜游虎丘等都是一种售卖体验的旅游文创产品，如图6-1所示。在体验经济下，文创产品并不局限于初级的产品和工业化产品，也远不是服务类产品能概括的。首先，它根植于旅游目的地的历史文化，是一种形象符号；其次，它兼具艺术性和纪念性；再次，它能够构成文化场景。

图6-1　夜游虎丘

当下的年轻消费群体逐渐成为文创产品消费的主力军，这是一群靠QQ空间、微信朋友圈紧密联系的消费群体。他们更爱在互联网上分享体验，也更关注其他消费者的看法。要吸引这一消费群体，以IP为基础的营销是较佳的选择。想要让一款文创产品产生较大的影响力甚至成为销售爆款，可以以体验为基础，营造有IP基础的文化场景，这样就会对消费者产生巨大的影响力。而连接体验、场景和IP的是文化和旅游的融合，如图6-2所示。

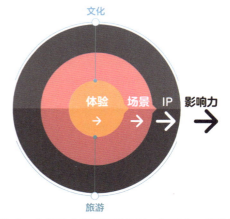

图6-2　文旅融合背景下的体验、场景和IP的连接

不但年轻消费群体对于文创产品有着新需求，绝大多数消费者想要的也已经不再是传统文创产品，而是独一无二的体验。这种趋势从网师园夜花园到拙政园提前1小时入园，再到2018年暑期出现的沧浪亭的《浮生六记》浸入式体验，已经足以启发我们去思考应该如何重新定义、开发文创商品。尤其是沧浪亭的《浮生六记》浸入式体验将园林建筑与昆曲艺术两大世界文化遗产相结合，这不仅是一场演出，更是以《浮生六记》为IP对文创和旅游产品深度整合的成果。

可以说，体验经济的时代已经到来，游客对于体验越来越重视。现在成功的产品，无论是工业产品还是艺术创作往往都是超越人们的经验，给了人们足够刺激的体验，才让每个人牢牢记住并且产生美好的回忆。有了超越以往经验的印象之后，需求就被创造了，市场也就形成了。文创产品也是一样，同样一杯咖啡在办公室喝和在星巴克喝是完全不一样的感受，更不用说是在故宫角楼咖啡馆喝咖啡的体验了。所以就算一杯咖啡贵了一二十元，用户也愿意为之买单，并且趋之若鹜。故宫角楼咖啡馆不再仅仅是咖啡馆，而是成了网红打卡地。针对地域的历史文化特色，更需要去探讨在体验经济下的文创产品，尤其是文旅融合背景下旅游文创产品的创新设计途径。如今设计师不能以传统的设计工业产品的思路去设计文创产品，更不能局限在制作工艺美术品的思路上去设计文创产品，只有这样才能丰富每个地域的文创产品市场，解决目前文创产品同质化严重、缺乏地域特色的问题，以及众多非遗资源没有凸显其价值的问题。

哪怕是各大博物馆有着自己独特的馆藏资源，但是实物载体的相似性也会让实物类的文创产品趋于同质化。无论是故宫、敦煌研究院，还是杭州、苏州的许多景点，消费者都可以在它们的文创商店里见到相同形式的笔记本、纸胶带和文创美食，如图6-3所示。虽然购买文创产品，品尝一下文创美食，已经成为游览博物馆和景点的重要选项，但是鲜少有文创实物商品能够令游客印象深刻。

图6-3　常见的实物类文创产品和文创雪糕

而体验通常能给人带来完全不一样的感受。图6-4所示是2018年暑期在苏州博物馆举行的一个互动形式的观展，名为"1509：与谁同坐——吴门画派之青少年教育互动展"。

这个观展是结合旅游资源后推出的不同于传统旅游文创产品的产品，它是基于个性化的，或者说是用户细分之后定制出的商品，它的目标用户就是青少年"研学游"群体。整个观展体验以明代中叶吴门画派所处时期为历史背景，根据不同年龄段青少年的身心特点设置相应的观展任务。根据观展任务设置了六个场景，图6-5便是其中的一个场景。小朋友在这个酒楼的场景中需要与扮演祝枝山的工作人员互动完成"永"字的书写才算过关，然后工作人员会在小朋友的任务手册上盖章，作为进入下一个场景的资格证明，也让任务手册上的故事连贯起来。

图6-4　吴门画派之青少年教育互动展

上述的场景中融入了苏州博物馆的吴门四家IP，还融入了明式家具、榫卯结构、文房四宝等诸多文化元素，这些文化元素没有通过让用户购买相关主题的文创产品来传达，而是通过一场经过设计的体验和融在体验中的诸多非商品性质的文创产品完成了表达。

同时，这个文创产品也设计了实物载体为用户记录下这场体验，那就是串联起整个体验的任务手册，如图6-6所示。最初，每个用户拿到的任务手册都是一样的，但是当用户体验完展览、完成所有的任务后，就可以收获一份独一无二的文创产品——一份加载了自己独家记忆的任务手册和一个完整的故事。这个文创产品记录了体验中所有的文化元素，并且是由用户亲自记录下来的，不仅带着苏州博物馆所特有的文化元素，还带着用户特有的体验。

图6-5　互动展的体验场景

图6-6　任务手册

体验经济下的文创产品设计——以苏州旅游文创产品设计为例

基于体验经济的苏州旅游文创产品设计

梅子黄时雨的时节，舟游在小桥流水中，耳边不时飘来吴侬软语，手握一杯碧螺春，这是唯有在六月的苏州才能体会到的苏式生活。当文创产品附加上地域属性和时间属性后，其就成为某个时间、某个地域所特有的文创商品。

所以说，不是所有文创产品都带有地域属性，文创产品也不等于旅游纪念品，如图6-7所示，它们之间只是存在交集。如果说以往旅游纪念品的主要作用是唤起用户的记忆，那么文创产品的重要作用之一则在于创造体验。在创造的过程中，离不开作为道具的商品，它们既是商品，也是道具，亦是可以被游客带回去的旅游纪念品，是可以被分享的时空。

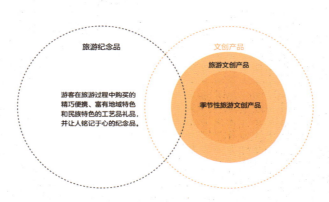

图6-7 旅游纪念品和文创产品的关系

因此，当文创产品附加上地域属性和时间属性后，其所带来的体验便具有了唯一性，此种体验也给文创产品设计带来了新的设计出发点、新的设计流程和设计方法，也让文创产品的形态不再局限于视觉化的实物产品。

（1）以前我们这么做

以唐朝诗人张继的《枫桥夜泊》为例，之前的设计可能按照图6-8的设计流程来完

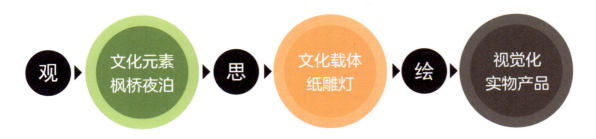

图6-8 传统实物类文创产品设计流程

成，最后得到的文创产品更多的是视觉化的实物产品，比如图6-9所示的纸雕灯，但是在游览枫桥景点时，游客不会通过它来提升游览体验。

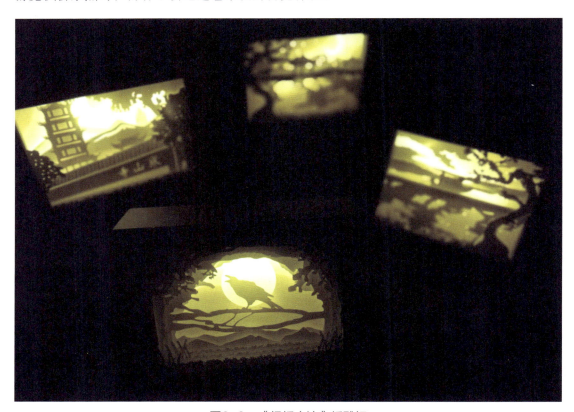

图6-9 《枫桥夜泊》纸雕灯

（2）现在我们可以这么做

在体验经济下，设计的出发点变更为体验，并且要以体验的唯一性作为评价设计的重要标准，通过附加地域属性、时间属性，或者综合使用两者来创造独一无二的体验。

依旧以"枫桥夜泊"文化元素为例，现在可以按照图6-10的流程开始设计。首先把"枫桥夜泊"设定为一个要打造的IP，即我们要给游客讲述的故事，这个故事中的枫桥夜泊真实地存在于姑苏城外的寒山寺，这便是它的唯一性，让这一文化IP

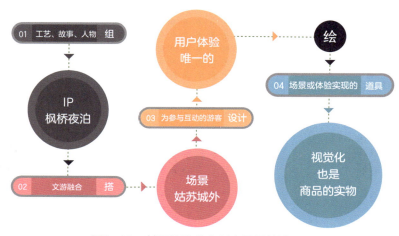

图6-10 基于体验的文创产品设计流程

无法被抄袭，就如同任何游乐园里的过山车都无法带来和迪士尼小矮人一起坐过山车一样的体验。同理，只有姑苏城外的枫桥才是那个我们想要和张继一同分享的体验，只有诗词中的枫桥、寒山寺才能构筑出游客想要体验的唯一性场景。而作为文创产品设计师，可以设计的就是实现这种体验、构筑这种场景的道具，这些道具包括建筑、服饰等有着唐朝韵味亦是陈设的商品。

整个枫桥夜泊主题的文创产品以产品服务系统呈现整个文化IP中的故事内容，以对应IP的商品为道具构建场景，以游客的参与、体验为基础进行设计，以让游客购买道具（商品）和分享"枫桥夜泊"这个IP为目的。这个融合文化与旅游的IP自然会带动各种文创产品的销售，达到传播文化的目的。

如果可以让游客选择一个时间段去枫桥，那必定是深秋，只有在深秋才有可能体验"江枫渔火对愁眠"，一个城市每一季都可以为游客"设计"出独一无二的体验。在苏州，冬日里你闻不到春日里"香雪海"的梅香，夏日里你吃不到秋日里苏州独有的"鸡头米"。

基于地域属性和时间属性的叠加，必定可以设计出带来不同体验的文创产品，也能触发游客对于体验的不断分享，开启游客的四季持续体验之旅。因为大多数游客都不愿意重复相同的体验，他们希望每次尝试都有令人惊喜的新体验，然后与亲友分享这种惊喜。用户对于产品体验的肯定与分享，将会随着物候变化持续扩大其相应的旅游文创产品的影响力，最终实现文化的传播，如图6-11所示。

图6-11　四季不同文创产品带来持续影响力推动文化传播

一提到季节性的旅游文创产品，游客的第一印象就是时令瓜果，那季节性的文创产品是不是只有食物呢？我们来看一下这个例子。道前街是苏州一条比较有文化特色的街道，街道两侧种植的均是银杏树，每年初冬季节，道前街总是吸引无数市民和外地游客前来观赏银杏。位于道前街银杏观赏较佳位置的苏州市会议中心大酒店计划围绕门前的银杏进行每年一次的主题活动策划，以成为自身的一个亮点。

最终，酒店提出的银杏主题体验活动包括银杏绘画和银杏糕点的制作。设计师需要做的就是设计相应的体验道具（也可成为售卖的商品）。围绕酒店的需求，最终的设计方案包括放置画具的帆布包、绘画和糕点制作都需要的围裙、文具手账，以及时令性的银杏糕点的包装盒等，如图6-12所示。

银杏主题活动伴手礼　方案一

帆布包/围裙/通关本/苏式糕点外包装/奖杯和奖状
30cm×35cm / 60cm×45cm / A6 / 4cm×36cm/10cm×15cm/A4

银杏主题活动伴手礼　方案二

帆布包/围裙/通关本/苏式糕点外包装/奖杯和奖状
30cm×35cm / 60cm×45cm / A6 / 4cm×36cm/10cm×15cm/A4

图6-12　银杏主题活动伴手礼的两个设计方案

因此，季节性的旅游文创产品不一定是食物，同时它也不一定是实物。每年清明时节，江南地区的人们都要吃青团，起初它是在清明时节作为祭祀食品出现的，渐渐成为被人们广泛食用的一种传统点心。此外，青团也与传统节气"寒食"有着一定的联系。在传统习俗里，寒食这一天人们不可以吃热的食物，所以每逢寒食人们就只吃冷食。将艾草的汁拌进糯米粉里，再包裹进不甜不腻的豆沙馅，蒸过之后清淡却悠长的青草香气越发浓郁，青色糯米团子就做好了。这个文化内容完全可以用来进行文化IP设计并衍生相应的体验和实物文创。

图6-13　趣味青团研学手册

将青团和清明时节的习俗组合为一个"趣味青团"的文化IP，让青少年带着如图6-13的趣味青团研学手册在百年糕团老店内体验青团的制作；在户外体验清明时节放风筝的习俗；听民俗大师讲述清明节气的故事，这样的体验和体验中的道具就是全新的文创产品。

当然，青团可以和不同的文化元素进行组合来进行文化IP的设计，从而可以得到不一样的文创产品设计方案。在图6-14中尝试写下你的方案。

图6-14　青团文化元素与不同文化元素的组合

◎ 6.2.1　IP 的梳理和转化

基于体验进行文创产品设计的第一步就是先进行IP的设计，组合成能创造唯一性体验的IP。

以苏州博物馆为例，当观众走进苏州博物馆的文创商店后，促使游客消费的不一定是参观过程中的那些展品。在故宫文创都有了淘宝店的今天，能够触动游客购买的绝对不是"该天的回忆"和"馈赠亲友"，而是"这个体验真的很不错，我要分享这个体验中的道具"。喜爱苏州博物馆的游客大多数是对建筑特别感兴趣的人，他们的游览重点是分享和"苏州博物馆"五个大字的合影，如图6-15所示。所以这也是为何之前有数据统计苏州诚品书店的客单价远高于苏州博物馆的原因，自带流量的诚品圈吸引的是"文创粉"，同样的商品在苏州博物馆还是商品，在诚品它便成了"诚品"这一IP中的道具，分享诚品的体验怎么能缺少道具呢？

IP的传播少不了其忠实的粉丝，周星驰的电影《唐伯虎点秋香》不光为"唐伯虎"圈了众多粉丝，更为苏州圈了不少粉丝；一部影视剧中的同款道具可以为一家电商公司创造上千万元的收入，这两者都是因为IP的力量。

对于苏州来说，"吴文化"本身就是个优质待开发的IP。在苏州百姓的生活中，仿佛每年春季不尝一口青团，初夏时节不去轧神仙，深秋没去天平山赏红枫，冬至不喝一口冬酿酒，便算不上一个苏州人。因此，对于文创产品的开发首先要进行IP来源的整理。IP来源的整理先要给IP的范围设定一个大小，图6-16中的纵轴将文化元素按照一定的文化主题内容进行分类，可以根据IP的文化元素来源对分类方法做调整；横轴既可以是时间也可以是空间。

图6-15　苏州博物馆入口

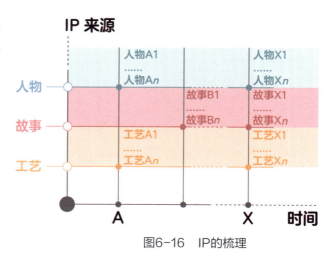

图6-16　IP的梳理

按照上述方法可以将吴文化的内容设定为IP来源，以器物文化、观念文化和行为文化的文化分类方式对吴文化进行文化元素分类。以器物文化为例，有2500年前的名剑"干将莫邪"，有始于明代的"桃花坞木刻年画"；以观念文化为例，有百戏之祖的"昆曲"；以行为文化为例，有延续至今的"石湖赏月"，如图6-17所示。然后基于体验的唯一性对这些文化元素进行组合，创造新的文化IP。

现在，选定一个IP来源，尝试进行IP的整理并填入图6-18中。

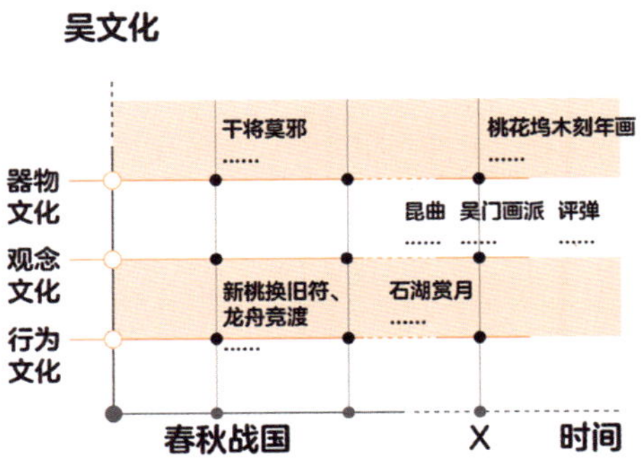

图6-17　基于吴文化的IP梳理

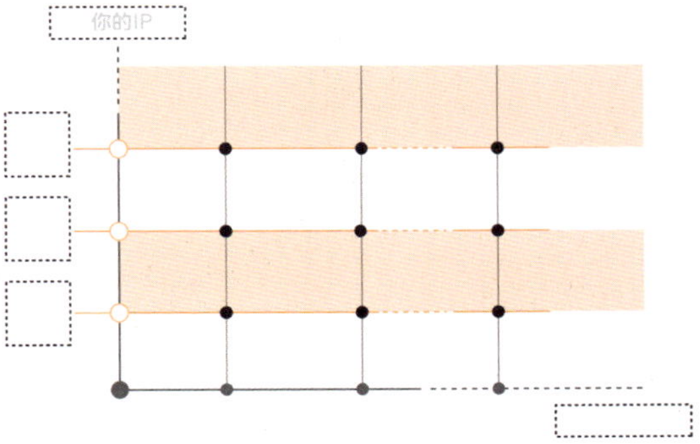

图6-18　IP梳理表格

◎ 6.2.2　独特场景的搭建

完成IP设计之后，接着就需要以唯一性体验为基础融文化和旅游为一体，把IP场景化，有选择地将"道具"转化为旅游文创产品，从而抓住年轻一代的消费群体，让年轻人分享、传承中国传统文化的精髓。

什么是唯一性体验？什么是对应的场景？坐在苏州街头听阿婆叫卖白兰花的声音是一种体验，是苏州五六月里独有的体验，它延续了几百年，是苏州真实民俗生活的场景。空间和物候的变化带来不同的场景，场景中的道具——商品随之而变换，也将体验变得四季皆不同。

因此，设计师想要为用户营造出不同的体验场景就需要设计不同的道具，而不同道具包含的文化元素有两类。一类是凝固在空间中的文化元素，这种文化元素往往以视觉化的实物形式存在，最常见的是博物馆里的众多文物。虽然公众在文化、旅游消费上比以前更舍得投入，但是，前提是对产品提炼出的代表某种文化的元素的认可。因此，对源于历史文化的文化元素的直接复制，加上简单设计和接地气的价位，于众多游客来说，这样的产品还是比较能够认可的，毕竟旅游文创产品已经成为一种"刚需"。例如苏州博物馆中以馆藏文物秘色瓷莲花碗为原型的创意曲奇饼干颇为畅销，试想一下，如果可以嚼着这款饼干和展品来个合影，并将这样的场景在社交平台分享后，应该会让更多人有来苏州博物馆尝一下这款饼干的欲望，这是在诚品书店购物时所没有的体验，也难怪这款产品在苏州博物馆的众多产品中脱颖而出了。所以，当设计师应用这类文化设计旅游文创产品的时候，还应该为用户设计相应的文化体验场景来引导用户分享这种体验，从而扩大产品的影响力，实现文化的传播。

图6-19是专为汉服爱好者设计的配饰。这些配饰源于汉服文化元素，融入了汉服文化的风格特点，让穿着汉服的人们有了更好的穿着体验和拍照体验。反过来，这些汉服爱好者身上的汉服也为其手中的配饰提供了一个良好的展示场景。

图6-19　专为汉服爱好者设计的配饰

因此，体验的场景搭建可以通过文化元素的来源和衍生文创产品来创建，也可以通过同主题的衍生文创产品共同搭建。

还有一类营造场景的文化元素是流淌在时间里的文化元素。2013年底，苏州博物馆举办了一场"衡山仰止——吴门画派之文徵明特展"，在苏州博物馆内的文徵明手植紫藤是独一无二的馆藏资源，紫藤种子岂不是最好的旅游文创商品。至少它最适合销售的地点在苏州博物馆，它带着任何其他紫藤种子所不能带来的栽种体验，这似乎是一颗带有魔力的种子，传承了苏州文脉，延续了"文徵明手植紫藤"这一文化IP故事，所以体验绝对不仅是简单的娱乐。这是一款随物候四季变化不断创造新体验的产品，这款紫藤种子旅游文创产品本身是产品，也是更多其他产品用来创造体验的"道具"。比如对于购买到种子的游客，博物馆可以定时推送养护技巧，可以定时分享馆内的紫藤图片……紫藤种子只是围绕"文徵明手植紫藤"这一文化IP故事开发的系列旅游文创产品中的一个道具。这类流淌在时间里的文化元素所带来的是丰富的文化场景，衍生出的是系列性的旅游文创产品。

图6-20是以十二花神为文化主题设计的香包。香包内对应季节装入不同的药草，具有保健功能。这样的文创产品既可以带来凝固在空间里的以当季花神为主题的文创产品，也可以随着物候变化进行不同月份的主题香包设计，从而形成一个系列性的、富有季节特色的文创旅游产品，将时间与空间元素巧妙融合。

图6-20　花言香包

◎ 6.2.3　IP、场景和体验对于文创产品开发的影响

综上所述，文化IP影响着场景的搭建，场景为体验的实现创造着空间和时间。这种凝固在空间中的文化元素也好，流淌在时间里的文化元素也好，都是在文化IP投射下产生的文创产品。只是前者开发出的产品相对比较单一，后者在加上时间维度后产品便变得丰富起来。虽然产品的影响力大小受到三者共同的作用，但是产品的丰富性主要受到文化IP的影响。因此，在设计文化IP时，如果待开发的文化IP本身比较简单，可以再叠加一个合适的文化IP丰富其时间维度，以便更好地进行产品的设计，扩大产品影响力。让文创产品成为一个可以讲述某个城市、某个地域特有故事的产品，在这个故事中有各种场景，有着众多非遗文化，有着低、中、高端各类商品，是一个让人忍不住随物候变化不断分享自己惊喜体验的产品，如图6-21所示。

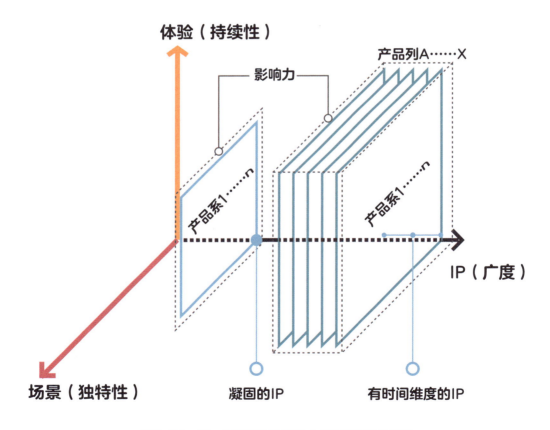

图6-21　IP、场景和体验对于文创产品开发的影响

6.3　设计案例：以青少年为主导的研学游主题旅游文创产品的设计——平江探秘

设计案例：
平江探秘

本案例以宋代苏州的《平江图》为文化主题内容，从中提取文化元素进行原创文化IP的打造及衍生文创产品的设计。在文化IP的打造过程中，即"组"IP的过程中，也可以由一个衍生产品为突破点完成整个设计流程。

◎ 6.3.1　"组"IP

（1）文化元素的"观"

虽然以体验为目的先要创造IP，但是前期针对IP的组合、打造也是建立在观众多的文化元素基础之上的。

自伍子胥建姑苏城始，苏州城的形制记载大多只见于文字。直到南宋绍定二年（1229年），平江知府李寿朋主持了苏州城大规模的整治修建后，绘制了一幅平江府城的平面图，并将这张城市地图刻制于石碑上，即我们今天在苏州市碑刻博物馆（文庙）内见到的这张《平江图》。图碑高248cm，宽146cm，厚30cm，图上的比例尺南北方向为1∶2500，东西方向为1∶3000。该图刻绘了宋代平江城的平面轮廓和街巷布局，详绘城墙、护城河、平江府、街坊、寺院、亭台楼塔、桥梁等各种建筑。该图是我国现存最大、最完整的古代碑刻城市地图。图中河网交错，是江南水城苏州的一大特色。苏州古典园林驰名中外，如沧浪亭、拙政园、网师园、狮子林等，有些园林在《平江图》上已有反映，如图上称沧浪亭为"韩园"。此外，《平江图》上还绘有非常多的宗教建筑，如报恩寺塔（今北寺塔）、定慧寺塔（今双塔）以及虎丘云岩寺塔等。这些寺观的位置都在城市的主要街道，占地面积很大，反映了宗教建筑在城市中的重要地位。

我们可以非常容易地从网络中搜索到上述资料，但是想要进一步了解《平江图》的故事就需要去查看更专业的资料。

例如《苏州街巷文化（修订版）》一书收集了许多有关苏州古城街巷的历史文化资料，特别是收集了不少见于著录的古建筑，有的甚至与古城同始，其余也大多在千年以上，还有名人故居和许多与民间信仰、礼俗有密切联系的寺庙、祠堂、书院、会所、义庄等古建筑，甚至还有小如井栏圈、界石以及刻有图案、铭文的一砖、一瓦、一木等，这些都可以对《平江图》中文化内容的解读与表达起到辅助作用。

《大明苏州——仇英〈清明上河图〉中的社会风情》一书将《清明上河图》（辛丑本）长卷中有关苏州的特殊风物和市井风情进行呈现与解读。作者以54个主题故事、164张细节图为线索，对其中令人不解和惊讶的场面做了详细的、合乎情理的考核与诠释。对一些由画卷引起的话题，如对万年桥（包括胥门桥）的建毁历史及传说做了梳理与考证，纠正了许多错讹，廓清了历史迷雾，显示了传统文化和吴地文化的优秀与珍贵。

《风雅宋》一书讲述了宋朝的"风雅"生活。作者从宋画入手，将宋人起居饮食、焚香点茶、赶集贸易、赏春游园、上朝议事等生活图景活灵活现地展现在读者面前，展现了宋朝特有的社会风貌和时代精神。通过这本书我们也可以想象着宋代苏州城内的人们的生活。

通过文献和书籍等资料收集到的内容十分丰富，下面再通过如图6-22所示的梳理图，以《平江图》为来源进行文化元素的罗列。

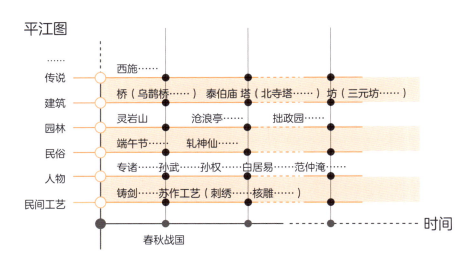

图6-22　《平江图》文化元素的梳理图

接着，实地去观看一下《平江图》也是非常必要的，如图6-23所示。尽管在苏州火车站南广场可以看到《平江图》的浮雕，在苏州城墙博物馆和网红打卡地平江路也都能看到《平江图》，但是在苏州文庙内的那张《平江图》才是原版。目前苏州文庙的部分建筑也被用作苏州碑刻博物馆，是江浙沪地区最大、全国第二大的孔庙，是古代建筑之典范。此文庙是北宋著名政治家、文学家范仲淹所设的庙学合一的"江南学府之冠"。只有实地去"观"，才能读懂苏州城，才知道为何14世纪马可波罗来到苏州时称其为"东方威尼斯"。因为从《平江图》上可以看到在南北长约4.5km、东西宽约3.5km的苏州城市地图

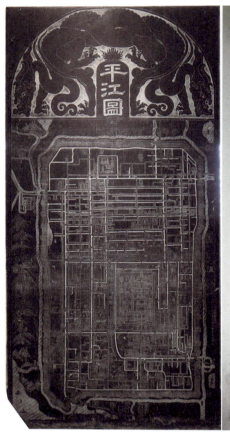

（a）苏州文庙内的《平江图》　　　　　　（b）平江路口的《平江图》

图6-23　《平江图》

中刻了359座桥梁，如此多的桥梁在世界古代城市建筑史上实属罕见。从《平江图》上还能看到67座寺庙和9座古塔，使人联想起"南朝四百八十寺，多少楼台烟雨中"的诗句。《平江图》有着丰富的内涵，只有实地去"观"，才会有与别人不同的新发现、新创意。

　　除了拍照外，我们还可以借助手绘快速地描摹下观《平江图》时为我们带来一瞬设计灵感的各种亭台楼阁、精巧的园林、高耸的宝塔以及奇巧的桥梁，如图6-24所示。

图6-24　通过手绘记录下的图形创意（作者：袁雨杰）

（2）观用户

创造IP前，对于目标用户也需要有一定的了解。在文旅融合的背景下，看看他们希望在苏州城获得怎么样的体验或者在旅游的过程中有着怎样的痛点。除了问卷法也可以在各种旅行APP和网络上看到各种真实的用户需求与痛点，如图6-25所示。

35% 的游客选择住在这里

有412家酒店。拙政园、狮子林均位于此，交通便利，去往周边各大景点都很方便。住宿类型从奢华型高档酒店到经……

2 十全街、盘门景区

8% 的游客选择住在这里

有95家酒店。此区位于观前街商圈南边，是苏州古城区，也是苏州最热闹的商业区。非常多的美食集中在此，交通方……

"来到江南风情的苏州，第一站就选择了历史街区。我喜欢这样的静谧，远离城市的喧嚣一切都显得那……"

2 苏州博物馆

"第二次去苏州博物馆了，不大。但是建筑就是这么有格调。而且正值大鼎展，不明白的可以去看看……"

在吴地流传至今已有百年历史。"在苏州这种馒底金黄、硬香带酥、馒身白色、松软可爱、一咬汤卤满口的民间食品，也有吃了还想吃的时候……"

2 松鼠桂鱼

松鼠桂鱼以桂鱼（又称鳜鱼、石桂鱼）加工制成，活杀后去脊骨，在鱼肉上剖成菱形状刀纹，深至及皮，蘸干淀粉后，经熟猪油二次炸制，呈浑……

图6-25　网络上用户的各种旅行反馈

如果暑期去苏州博物馆，可以看到很多以"研学游"为目的来观展的青少年。自2016年教育部等11部委联合印发《关于推进中小学生研学旅行的意见》以来，社会各界组织及学校积极推进研学旅行相关进程。可是，有些青少年研学游产品同质化严重，只是把博物馆和文化景点打包进行售卖，更不用说创新的体验式与研究性学习了。

此外，我们在文创商店还可以观到，越来越多的消费者购买文创产品不再是为了赠送，而是自我消费。这进一步验证了文创产品的"使用场景生活化"这一消费趋势，意味着消费者购买文创产品的心理动机正在发生变化。

（3）思载体

接下来，我们要基于对《平江图》及其所包含的文化元素的了解进行思维导图的绘制。这同样是一个思考的过程，只是不再只思考有形的实物，还要思考基于场景的体验。在这里，我们将从有形的实物类文创产品的三个方向和基于场景的体验设计出发完成思维导图，找到合适的基于《平江图》文化的原创IP或者是体验属性的文创产品，从而表达和传播《平江图》及其所包含的文化元素，如图6-26所示。

要完成这项工作需要准备一张白纸、一些彩色水笔或铅笔，以开放的思维和丰富的想象力为引导，深挖文化内容。一幅合格的文创产品设计思维导图具备三个基本特征：一是中心图，它代表所要设计的文化主题；二是由中心延伸出的若干主干，这些主干分

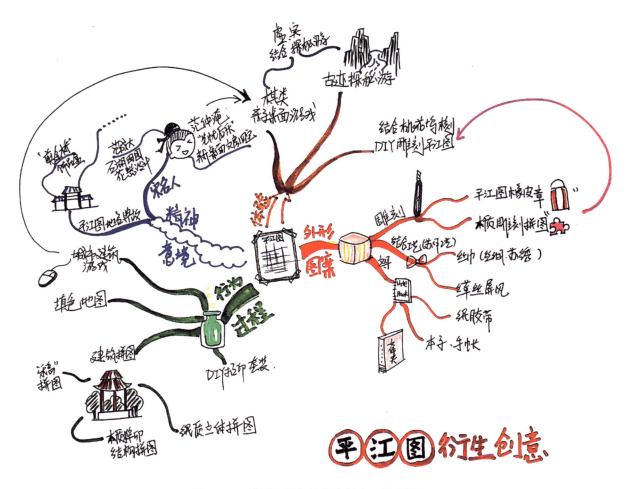

图6-26　《平江图》的衍生创意思维导图

别代表与中心文化主题相关的一级主题，用不同的颜色呈现，主干还可以延伸出下一级
分支；三是每条分支都有一个关键词，用以表达思考的结果。

◎ 6.3.2　"搭"场景

　　对于《平江图》的衍生创意，从思维导图中就可以分析出各个创意的优劣和可行性。
我们发现大部分以实物为载体的产品设计削弱了《平江图》的文化内容及其所包含的文化
元素的数量，产品生命周期也较短。而基于体验"搭"出的产品设计充分体现了文旅融合
以及包含在《平江图》中的大部分文化内容。以四个分支去思考产品载体，有些创意也可
以相互结合产生更好的设计。最终，通过头脑风暴、借助思维导图，设计团队确定这样一
个方案——在"IP+文旅"的模式下，以《平江图》为IP的旅游文创产品，其目标用户是

青少年，为青少年"搭"出一个再次体验《平江图》中繁华的古代姑苏城的场景，借助这样的产品载体向青少年传播吴文化以及中华传统文化。

◎ 6.3.3 设计体验

这样的设计方案是基于"体验"唯一性进行设计的结果，是在"观"和"思"的流程下的结果，是基于现有的市场状况和行业背景的结果，是在国家和地方政策的引导下的结果。政策的导向和市场的需求让设计团队锁定了青少年这个对IP有着极大热情的消费群体，同时又满足了家长希望子女拓展课外知识的需求。为了更客观地了解目标客户需求，设计团队还专门设计了调查问卷，结果显示青少年研学游的目标用户没有很强的旅游目的性，对于更换一种新的旅游引导方式并不排斥。与此同时，游客越来越注重旅游的服务与环境，不光要玩得好，更要了解地方文化。基于此，设计团队在"搭"场景设计体验与绘制思维导图的过程中，以《平江图》为核心IP，先进行平江探秘棋的开发，通过试玩和讨论不断完善。

在平江探秘棋的基础上，再设计微旅行和实物类的文创产品，后续再衍生出系列性的IP。以三种不同类型的文创产品和系列IP为载体给以青少年为主体的用户带来唯一性体验，从而传播吴文化和中华传统文化，如图6-27所示。

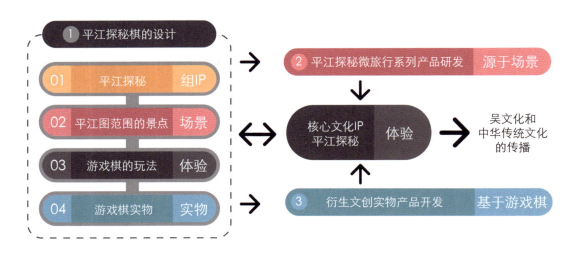

图6-27 "平江探秘"文化IP的打造和衍生文创产品的开发

◎ 6.3.4 设计道具

如图6-28所示，平江探秘棋是以《平江图》为基础设计的游戏地图，里面融入了历朝历代苏州诸多的经典文化旅游资源，整个游戏和《大富翁》类似。

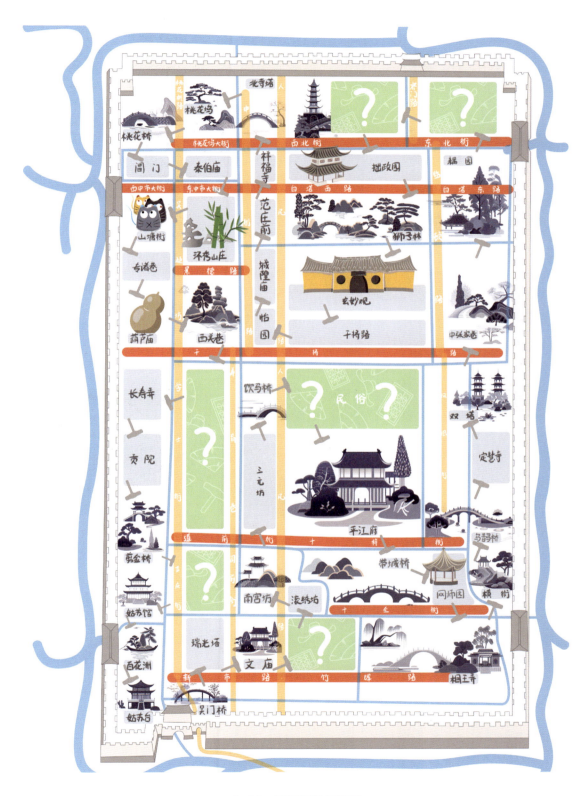

6-28　平江探秘棋地图

在整个游戏地图中不仅仅是简单地将实地地图还原，还融入了很多有趣的文化内容，并与现在的苏州市地图做了结合，比如山塘街的七只狸猫。其图形设计来源于山塘街上一种非常有趣的狸猫玩具，如图6-29所示。这同时也是一门祖传手艺，已经有数百年的历史。该玩具的体验方式是左手空拳握住狸猫底部，以手部的一张一合来调音，右手配合捋线，捋线时可以在滑动、抖动、晃动的情况下模仿猫叫、小孩哭、马蹄声等，如能在线上抹点风油精会更响亮。这称得上是古人以狸猫为文化元素精心打造的文创产品设计了。

再如拙政园，虽然它在《平江图》上并没有显示，但是现在作为四大名园之一，是非常有必要出现在游戏地图上的。因此，在文创产品的设计过程中并不是说基

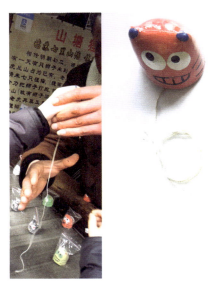

图6-29　山塘街上的山塘狸猫玩具

于体验的设计就不需要思了，"观"和"思"的方式在设计无形的产品时也是需要运用的。只是基于体验的设计，其设计范围的改变让思考的内容增多，"观"和"思"就成了组成部分而不是主线了，并且在"观"与"思"之间往往需要不断地去重复、优化设计方案。

游戏地图中问号设定的位置表示此处领取机会卡。机会卡的内容主要也是围绕与苏州相关的传统文化内容，比如昆曲、特有的地方民俗等，如图6-30所示。

图6-30　机会卡内容 (作者：汤培)

图6-31中的木质底座也是游戏棋中的重要道具，游戏玩家可以在"平江府"内建造自己的"私家园林"，而这些就是"地基"。木质底座上纵横交错的槽，方便在其上建造各种类型和朝向的"园林建筑"，并且这些用异形建筑卡片表示的"园林建筑"都是参照苏州城内现有的实

图6-31　玩家们的"私家园林"

际园林建筑的外观进行设计的。在后续设计的研学游路线中，这些建筑都会真实地出现在用户的眼前，用户会在研学游路线中发现和游戏中玩到的一模一样的建筑，增加乐趣。

整个游戏棋的体验场景可以是在家里和爸爸、妈妈玩的一个亲子场景，可以在研学游体验前进行，也可以在之后进行。游戏体验的过程就相当于研学游的课前预习和课后复习，达到了提升实地研学游体验效果的目的。

购买"地基"怎么能少得了"银票"呢。本着多角度、全方位地让青少年感受到苏州地方文化的宗旨，银票的设计结合了桃花坞木刻年画中的黄金万两图，如图6-32所示。

图6-32　游戏棋里的"银票"

游戏棋中棋子的外观被设计成四种不同职业的人物形象，如图6-33所示。玩家能以不同的身份——"士、农、工、商"去进行游戏，体验不同的乐趣。

图6-33　平江探秘棋的棋子设计（作者：殷其轩）

完成了平江探秘棋的设计方案后，整个"平江探秘"文化IP的大体框架也基本设定完成。对于后续的系列文化IP的思考，可以继续用图6-34的基于IP、场景和体验之间的关系图表进行思考和整理，梳理出包含在"平江探秘"这个文化大IP中的众多小IP。这些众多的小IP非常容易衍生出实物文创，设计出基于体验的系列旅游文创产品。

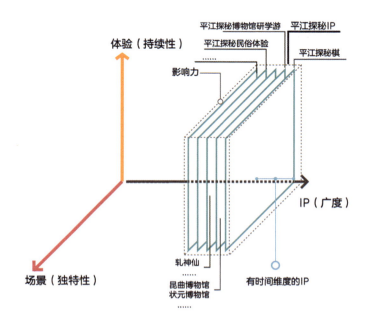

图6-34　基于IP、场景和体验对于"平江探秘"IP衍生文创产品的开发

如图6-35所示，针对平江探秘棋棋盘上的几个相近的格子可以打造一个研学游路线。

图6-35 平江探秘棋衍生的研学游路线图

按照这样的思路还可以继续打造研学游路线，根据不同的场景设计不一样的研学体验，并由此衍生出各种"道具"。如图6-36中所示是为状元博物馆设计的研学手册，内页的内容和博物馆的展品相呼应，以便帮助青少年简单、快乐地去探索，从而了解博物馆内的各种展品。

（a）苏州古代状元地域分布

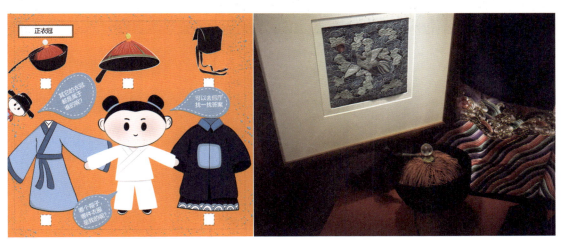

（b）服饰

（c）礼乐

图6-36　状元博物馆研学手册部分内页

除了研学游产品之外，实物类的文创产品因为有了平江探秘棋为基础，所以非常容易衍生出各种常见的日常用品。图6-37、图6-38所示分别是由机会卡人物衍生的抱枕和帆布包，由棋子衍生的人物玩偶如图6-39所示。

图6-37　由机会卡人物衍生的抱枕

图6-38　由机会卡人物衍生的帆布包

图6-39　由棋子衍生的人物玩偶

当然，并非每个文化主题思考的结果都是一个基于"体验"的文创产品或者一个大IP，也并非一定要以此为目标，只要能够以创意的方式表达出文化主题内容中的重要文化元素即可。如图6-40所示，设计师想要通过《平江图》陶瓷象棋表达的是，在平江图上对弈的恍惚间，你是否看到了曾经尚武的吴地民众，是否看到了宋朝姑苏城的繁华。

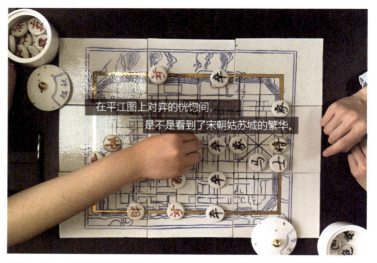

图6-40　《平江图》衍生的文创产品——陶瓷象棋（作者：俞骏）

6.4 设计尝试：创造一个新IP

　　试着自己创造一个文化IP，可以是一个简单的卡通形象，并以此为基础衍生系列文创产品，如图6-41所示。IP的衍生并不是简单地将原创形象刊印到实体商品上，真正的优质衍生文创既需要文化IP内容本身的品质做支撑，还需要在设计的基础上进行创意设计。

图6-41　猛将IP形象

　　也可以基于文旅融合的背景下去设计一个文化IP符号，进行旅游文创产品及其系列衍生品的设计。比如吴门画派的"1509：与谁同坐——吴门画派之青少年教育互动展"和其中的道具设计，如图6-42所示。

图6-42　吴门画派"1509：与谁同坐——吴门画派之青少年教育互动展"和其中的道具设计

143

第 7 章

如何成为一名优秀的文创产品设计师

如何成为一名
优秀的文创
产品设计师

设计师的观文化决定了文创产品文化维度的高度，即产品包含的文化内容；观客户决定了文创产品的产品维度，即产品是否符合市场需求；而"思"和"绘"的过程决定了产品的创意，即产品是否是吸引人的，是否有新意，是否具备一定的审美。这就要求设计师具有一定的文化素养、敏锐的感受能力、发明创造能力、较高的审美能力以及最基本的设计构想的表达能力。

所以，想要成为一名优秀的文创产品设计师，仅会用网络搜索文化元素内容、会手绘、会用计算机是不行的。一味地模仿抄袭、剪拼粘贴并不能成为一个优秀的文创产品设计师。这也是目前国内文创产品市场整体像一个金字塔，初级入门产品多，中级产品少，高端的文创产品少之又少的原因。想要成为一名优秀的文创产品设计师，唯有有效地阅读书籍、多看多想，才能做到积沙成塔，进而提高自身的文化修养和审美能力；唯有日积月累地练习才能提高自己的设计表达能力，从而将自己的设计理念准确地表达出来。

7.1　积沙成塔

◎ 7.1.1　积累文化素材

文化素材的积累内容主要可以分为文字资料和图片资料两个部分。文字资料既包括全面地讲述中国传统文化的书籍，让我们对中国传统文化有一个整体上的掌握，也包括各种各样文化主题的书籍。"读万卷书不如行万里路"，对于中国传统文化的了解，还需要我们在平时默默观察积累。在各个地域性和主题性的博物馆中，在各种保存着特定文化的建筑、遗迹的景区中，我们都能看到不同主题的文化元素，要随时随地用图片记录下它们，如图7-1所示。

（a）敦煌研究院　　　　　　　　　　　（b）苏州园林：盘门三景

图7-1　用图片记录下各类文化元素

◎ 7.1.2　积极提高审美

不同的人开始做设计的时候，审美水平是有着差异的。"审美水平=天赋+学习"，天赋难以改变，但是想要提高审美水平，通过积极的学习还是可以实现的。

每个人对于美的感受和美的判断本来就是很主观的，阳春白雪是美，下里巴人也是美，秘色瓷莲花碗是美，东汉的铜奔马是美，憨态可掬的泥塑娃娃也是美，只是观看的人不同而已。所以，在提高审美之前先要明确什么是美。

美，是一个会意字，如图7-2所示。金文字形，从羊，从大，本义是肥美。古人养羊肥大为美，把羊养肥了再吃，指代很好吃，味美。另外，羊是象形字，象征人佩戴羊角、牛角，古人认为这样很美。美的基本形态包括艺术美和现实美、外表美与内在美。

图7-2　"美"的金文字形的组成

美，不仅要表面悦目，还要内心高尚。内外兼修，方显真正之美。

所以，作为文创产品设计师，归根结底无论是设计实物类的文创产品，还是设计基于体验的旅游文创产品，都是以设计给人带来心情愉悦感受的产品为目的。

了解了美的内涵之后再来看一下审美的定义：审美是人所进行的一切创造美和欣赏美的活动。在审美这个词中，"审"作为一个动词，它表示一定有人在"审"，有主体介入；同时也一定有可供人审的"美"，即审美客体或对象。设计师就是这个主体之一，现在我们就是需要一个积沙成塔的过程去提高审美，才能通过产品给消费者这个主体以美的享受。

（1）第一，建立自己的设计资源库

常言道，不是缺少美，而是缺少一双发现美的眼睛。拿上手机、相机去发现美、记录美，即记录下生活中的优秀文创产品。除了在各文创商店拍摄优秀的文创产品外，如图7-3所示，网络也是搜集的重要渠道。设计师应有自己的设计资源库，当自己困惑、找不到灵

图7-3　文创商店作为设计资源

感时，可以去资源库里寻找灵感与思路。设计师首先要建立的是文创产品设计资源库，可以根据文化的分类或者根据文化的运用进行整理，以方便查找。还可以建立其他设计类别的资源库，如平面设计、建筑设计等，只要是优秀的设计都可以收集到资源库中，任何优秀的设计都可以帮助我们提升审美。不看优秀作品就如井底之蛙一样，眼界得不到提高，就会让我们沉浸在自己的意识中，觉得自己做的就是最好的，也就不会想到提升。

（2）第二，学会分析产品

如果仅仅停留在收集优秀设计的阶段，就好比是"知其然，而不知其所以然"，结果就是等到实践的时候知道自己设计得不够好，又不知道如何去做。看100个优秀设计不如分析1个优秀设计，要通过分析知道这个设计为何好，为何用户都喜欢。从主题、色彩、创意、表现手法、构思、工艺、材质等各方面去分析，甚至可以问问自己这个设计是否还可以做得更好。总之，通过看优秀设计，进而分析、总结、归类，这样才能把别人的方法转化为自己的方法。

（3）第三，进行实践

这一步是最重要的，不实践几百个设计作品，永远不知道自己和优秀设计师的差距，也不知道自己是否在进步。如果在一开始没有自己的想法，可以进行模仿，模仿是设计师必经之路，但是模仿只是一种学习途径，模仿可以学习大师的思维，如表现手法、色彩等。不要觉得这仅仅是练手，要把每一次实践当成一次实战。除了可以参加各种文创设计大赛外，在自媒体高度发达的今天，还可以自己小批量地生产并进行宣传，通过网络等途径进行售卖。无论是获奖还是陌生人的购买都会让自己感受到自己的进步和被肯定。

◎ 7.1.3　工艺材质的熟悉

不同于普通的工业产品，文创产品除了采用现代工艺外，很多时候还会借助传统的工艺和材料进行表达，比如陶瓷工艺、刺绣工艺等，这些工艺作为中国传统文化的重要组成部分也非常值得研究。但是很多工艺由于非常古老和独特，掌握的人也就非常少，所以想要去了解也并非那么容易。

宋锦是中国传统的丝制工艺品之一，因主要产地在苏州，故又称"苏州宋锦"。宋锦色泽华丽、图案精致、质地坚柔，被赋予中国"锦绣之冠"的称号，它与南京云锦、四川蜀锦、广西壮锦一起被称为四大名锦。宋锦始于北宋末年，根据面料的疏密、厚薄以及用途等可分为重锦、细锦和匣锦三类。重锦质地厚重，主要用于宫殿、堂室内的陈设。细锦结构相对疏松，厚薄适中，广泛用于服饰和贵重礼品的装饰装帧。匣锦又称小锦，其质地软薄，适于书画、条屏、囊匣等的装裱之用。如今宋锦虽已应用于服装制作，但多为高端定制，少见于民众日常。因此，在文创产品中，宋锦工艺主要运用在小小的零钱包和香囊产品之上，毕竟工艺本身价值极高，如图7-4所示。

图7-4　宋锦工艺衍生的文创产品

　　要了解这些传统工艺和材料，综合性或者专题性的工艺美术博物馆都是很好的选择。并且不同地域、不同城市的工艺美术博物馆都有着浓浓的地域特色，亦是进行地域性文创产品设计的资源宝库。

　　北京工艺美术博物馆馆藏历代工艺美术珍品3600多件，上起三代，下扩至今。在20多类馆藏品中，尤以北京近现代传统工艺美术"四大名旦"牙雕、玉器、景泰蓝、雕漆为主。苏州工艺美术博物馆主要体现的是苏作工艺，馆内收藏着千余件苏州工艺美术精品，从春秋战国时期的吴国青铜器，隋唐时期的刺绣、玉器，宋元的缂丝，到明清的乐器、戏装，反映了苏州千年不绝的工艺美术文化，如图7-5所示。

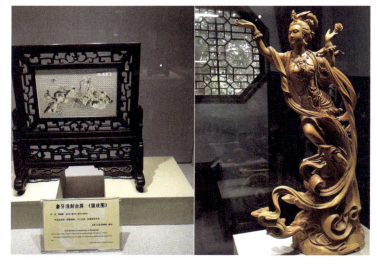

图7-5　苏州工艺美术博物馆藏品

　　此外还有杭州工艺美术博物馆，打开其官网可以发现，具有地域特色的中国刀剪剑博物馆、中国扇博物馆、中国伞博物馆也在其上（图7-6）。这些主题性的工艺美术博物馆还将工艺本身的衍生文创产品也放置在网站上，为我们提供了一个了解工艺和提升自己文创设计水平的好途径。

图7-6　杭州工艺美术博物馆网站

除了了解传统工艺、材质外，我们也需要了解现代工艺和材料，这主要通过关注前沿资讯和各类工业产品而实现。

7.2　日积月累

如果说上述的三个方面是"软实力"，那么接下来两个方面的积累则属于本章开头提到的入门级能力：设计表达能力和方案的版面设计能力。这两项能力除了持之以恒的练习外没有捷径。

◎ 7.2.1　文创产品的设计表达

设计表达是文创产品开发过程中的关键环节，它是一个将创意构思转化为具体可视化形式过程。

对于初学者而言，掌握基础的绘画技巧是设计表达的重要基石。通过不断练习，直至能够熟练地表达设计方案中的基本形态和空间关系，这是设计表达的基础能力。

然而，设计表达并不仅仅局限于绘画技巧。在文创产品的设计过程中，创意构思同样占据核心地位。设计师需要深入挖掘文化内涵，提取具有代表性的元素，并巧妙地将这些元素与产品设计相融合，以赋予产品独特的文化价值和审美意义。

此外，设计方案的呈现方式也是设计表达的重要组成部分。这包括选择合适的色彩搭配、材质表现和展示方式等，以确保设计草图的清晰易懂。

综上所述，文创产品的设计表达是一个综合性的过程，它涉及绘画技巧、创意构思、设计方案呈现等多个方面。

◎ 7.2.2 方案的版面设计

方案的版面设计能力是各种能力的综合体现。版面设计的形式多样，唯一的目的是帮助消费者读懂设计。例如拙政园花窗书签的版面借助最简单的图表展示其设计过程，从而表达清楚产品中的文化元素和设计创意，如图7-7所示。

1 收集素材
苏州园林里的花窗、门窗上的浮雕、屋檐下的神兽祥瑞花纹、锁上的图案花纹、园林里的家具摆设

2 资料调研
花窗图案、园林里四季的植物

3 元素提取
花窗纹样和意义、园林的色彩、植物的图案

4 元素深化确认
忘忧、吉祥、植物纹样、代表不同季节的花形图案

9 最终实物

5 工艺材质
银饰工艺(镂空)

6 头脑风暴
忘忧+阅读：书签
季节+忘忧：银饰手链和书签
季节+花形：银饰耳坠系列

7 草图+建模
使用方式、尺寸、颜色、图形、图案……

8 落地实施
最终形状确认、尺寸调整、工艺调整、色彩调整
(线条的粗细、孔的大小)

图7-7 拙政园花窗书签版面设计

又如以吴中博物馆青铜剑、箭矢场景和吴地传说故事为文化元素设计的产品——吴源吴故系列帆布包的版面是通过版面上的文化元素和衍生文创产品的对比来表达设计创意的，如图7-8所示。

图7-8 吴源吴故系列帆布包版面设计

版面的设计形式虽然多样，但是要根据演示的目标观众的特点进行设计。唯有通过实践从观众处得到反馈以及学习优秀的案例来不断提升这种能力。

文创产品设计积累计划

可以参考如图7-9所示的季度任务表，每天练习一张手绘，每周收集和分析10件文创产品，每个月去看一次设计展，每季度完成一件文创产品设计。从"观"到"思"，或者从一个IP到各种道具（商品），然后绘制出来，不但要手绘，还要做出效果图，甚至是实物，并为其设计包装和版面。

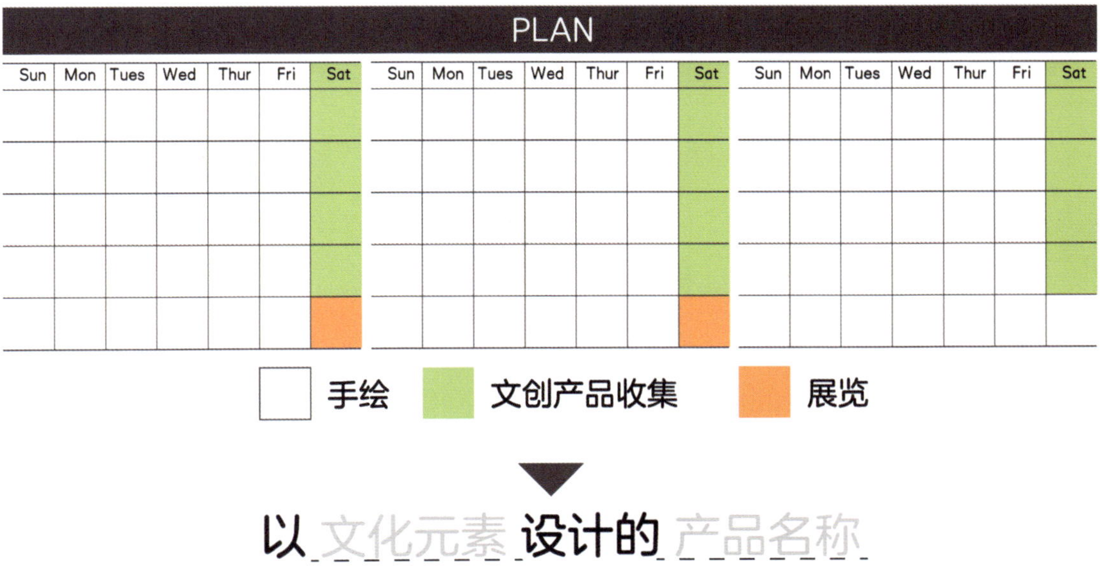

图7-9　季度任务表

第 8 章

文创产品设计
案例解析

喜上眉梢杯

喜上眉梢杯如图8-1和图8-2所示。

图8-1　喜上眉梢杯局部图

图8-2　喜上眉梢杯整体图

◎ 8.1.1　"观"

对于喜上眉梢杯，设计师最初观到的是用户。碧螺春作为苏州地区的代表性茶叶，其包装在颜色、图案、文字等方面均应该独具特色，以体现茶叶生产地的文化内涵。然而，在其出产地苏州东山，消费者见到的碧螺春包装与众多普通的茶叶包装比起来几乎没有区别。设计师通过了解发现，当地的茶农所种植的碧螺春面积基本上都并不大，产量也较少，因此也不会去给自己的茶叶定制包装，而是购买现成的包装盒，如图8-3所示。这些现成的包装只能满足最基本的

图8-3　碧螺春茶叶包装

包装功能要求，设计从里到外都没有很强的整体感，更不会去考虑对碧螺春本身所包含的文化内涵的表达了。基于此，提取到的元素并不是设计茶叶罐，而是怎么去传播碧螺春。

因为观到了这样的用户反馈，设计师继而开始对碧螺春展开了观察。碧螺春是中国十大名茶之一，属于绿茶类，已有1000多年历史。碧螺春产于苏州市的东洞庭山（简称东山）及西洞庭山（简称西山）一带，所以又称"洞庭碧螺春"。在当地民间最早叫"洞庭茶"，又叫"吓煞人香"。到了清代康熙年间，康熙皇帝视察时品尝了这种汤色碧绿、卷曲如螺的名茶，倍加赞赏，但觉得"吓煞人香"其名不雅，于是题名"碧螺春"。这个关于碧螺春茶名来源的传说是目前流传比较广泛的一种说法。此外，还有另一种说法是碧螺春的茶名早在明代就存在了，因其色泽碧绿，卷曲如螺，春季采制，又采自碧螺峰这些特点，因而命名为"碧螺春"。此茶历史悠久，在清代康熙年间成为贡茶。

此外，洞庭碧螺春产区是我国著名的茶、果间作区。茶树与果树相间种植，令碧螺春独具天然茶香果味，品质优异。其成品茶外形紧密、条索纤细、嫩绿隐翠、清香幽雅、鲜爽生津、汤色碧绿清澈、叶底柔匀、饮后回甘。图8-4所示是刚采下的碧螺春茶叶和炒茶叶的过程。

（a）刚采摘下的碧螺春茶叶　　　　　　　　（b）炒茶叶

图8-4　碧螺春茶叶

在从"观"到"思"的步骤中，并没有设定一定要以茶叶罐的设计形式来"装载"碧螺春的元素，因此，第一步就是运用头脑风暴法将"观"的范围尽可能扩大，并全部展示出来，如图8-5所示。

图8-5　头脑风暴法"观"碧螺春

◎ 8.1.2　"思"

在展示的过程中，自然而然地会进入思考的状态。从观到的资料中得到关键词后，这些关键词会引导我们为文化元素找到合适的载体，用思维导图的方式把方案进行整理和罗列，如图8-6所示。

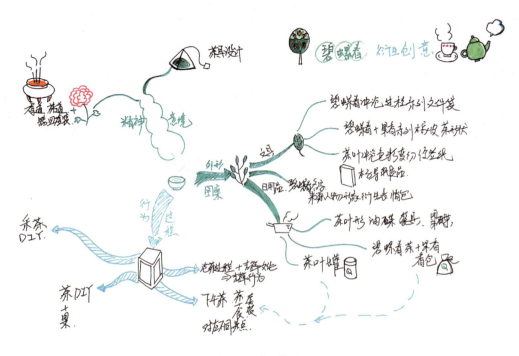

图8-6　思维导图"思"碧螺春

（1）"思"与"观"之间的反复

无论是用头脑风暴法还是绘制思维导图，都可以得到一些值得记录下来的设计创意方案，当深入思考时就会发现所观的资料不足以完成方案的继续深化。此时，就需要再次回到"观"的步骤。

在上述的思维导图中，对于喜上眉梢杯这个设计方案所蕴含的吉祥文化在前期是没有收集的，现在，我们不得不对此进行进一步了解，进而才会了解和吉祥文化相关的"清供"。所谓"清供"就是在室内放置于案头供观赏的物品摆设，主要包括各种盆景、插花、时令水果、奇石、工艺品、古玩、精美文具等，可以为厅堂、书斋增添生活情趣。吉祥物品和摆设多取谐音的雅意，如柿子、橘子、石榴、佛手、水仙配以盘盏、花瓶等，寓意如意、吉祥、多子多福、福寿绵延、纯洁高贵，形意俱佳、声情并茂，如图8-7所示。

（a）梅花 　　　　　　　　　　　　　　（b）佛手

图8-7　具有吉祥寓意的植物

（2）从"观"回到"思"

正是有了对于吉祥文化和清供文化元素的了解，至此才设计出了新的设计方案——清供图系列茶杯，包括"喜上眉梢""事事如意"两组图案，如图8-8所示。将图案融入陶瓷杯中，让杯盖和杯身在使用的过程中形成一组动态的吉祥图案。无论是吉祥寓意谐音中的梅花还是柿子，都与碧螺春的生长环境联系紧密，暗合了碧螺春茶树在果木中种植的情境。

（a）"喜上眉梢"图案的花窗 　　　　　　　（b）"事事如意"图案

图8-8　清供图系列茶杯图案

◎ 8.1.3　绘草图

用AI完成平面效果图后，发现这样的杯形似乎不太适合日常使用，尤其是对年轻的上班族来说，如图8-9所示。

图8-9　杯形的草图绘制

继续进行方案的修改与草图的绘制，对于杯形和使用情景进行进一步分析，如图8-10所示。最终完成这样的方案：从适合日常使用的杯子，融入喜上眉梢的吉祥寓意，到谐音"倒"，形成"碧螺春到、喜上眉梢"的过程。杯子也能当茶叶罐使用，同时配合茶食的概念，定制茶叶和零食的罐子：一罐茶、一罐食，组成一套下午茶的日用器具。接下来的步骤就是绘制杯子。

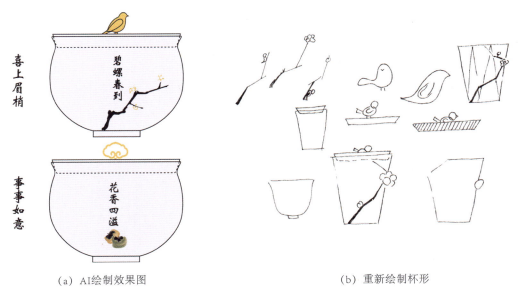

（a）AI绘制效果图　　　　　　　　　　　（b）重新绘制杯形

图8-10　喜上眉梢杯设计方案

◎ 8.1.4   绘三维模型

① 打开Rhino程序，新建文件，单位设置为"毫米"，如图8-11和图8-12所示。

图8-11   新建文件

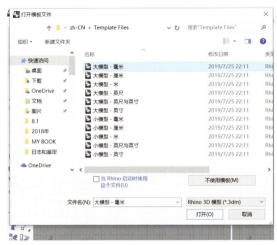

图8-12   单位设置

② 使用命令"多边形：中心点、半径"绘制八边形。首先单击侧工具栏中的命令，如图8-13所示；然后在命令行中将边数更改为8，如图8-14所示；打开正交，以坐标[0,0]为中心，以内切的方式绘制半径为40mm的八边形，如图8-15所示；最终完成绘制，如图8-16所示。

图8-13   八边形绘制

图8-14   设置边数

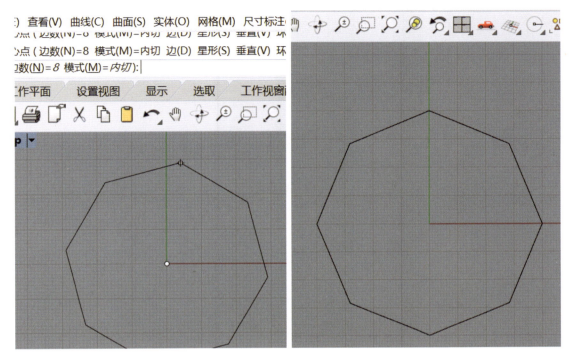

图8-15　从原点坐标出发　　　　　　　　图8-16　完成多边形绘制

③ 继续绘制一个略小的八边形，半径为22mm，并在顶视图中旋转22.5°，如图8-17所示；然后在前视图中向下移动80mm，即为杯子的高度，如图8-18所示。

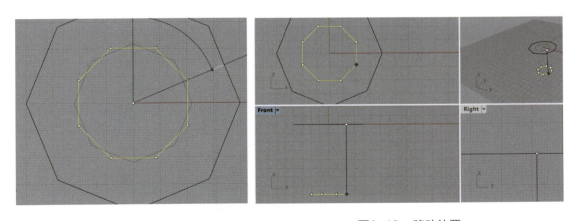

图8-17　再次绘制八边形　　　　　　　　图8-18　移动位置

④ 使用"指定三或四个角建立曲面"的命令，打开端点捕捉，分别捕捉八边形的各个端点进行三角形平面的绘制，如图8-19所示。绘制完成后，在透视图中更改为渲染模式，如图8-20所示。

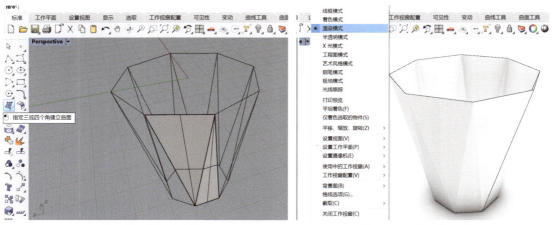

图8-19　建立平面　　　　　　　　　　图8-20　查看杯身效果

⑤ 使用"以平面曲线建立曲面"命令为杯身的上下底面建立平面，如图8-21和图8-22所示。

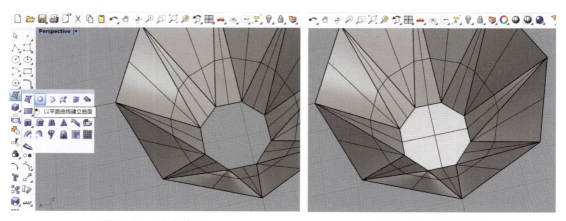

图8-21　建立底面　　　　　　　　　　图8-22　完成底面

⑥ 使用"组合"命令，将所有平面组合在一起，如图8-23所示；然后使用实体工具中的"封闭的多重曲面薄壳"命令进行操作，厚度为1mm，完成杯身建模，如图8-24所示。

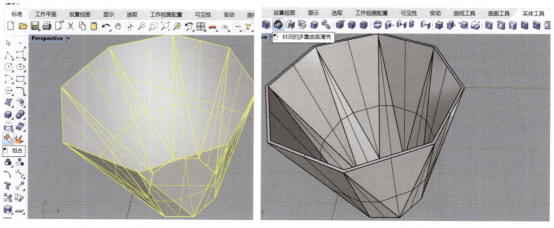

图8-23　平面组合　　　　　　　　　　图8-24　完成杯身建模

⑦ 对杯底使用"实体倒圆角"命令，如图8-25和图8-26所示。

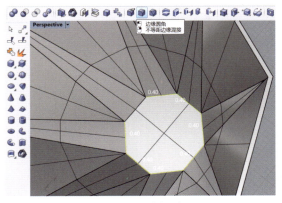
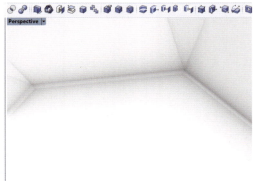

图8-25　倒圆角　　　　　　　　　　　　图8-26　倒圆角效果

⑧ 接着进行杯盖的绘制，使用命令"多重直线"绘制杯口内壁大小的八边形。首先单击侧工具栏中的命令，打开"节点"捕捉杯口内壁上的8个节点，完成八边形的绘制，如图8-27和图8-28所示。

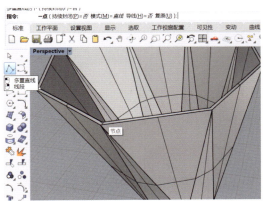
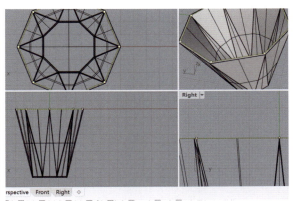

图8-27　绘制杯盖　　　　　　　　　　　图8-28　绘制八边形

⑨ 在前视图中绘制一条直线，接着使用"投影曲线"命令在前视图中将直线投影在杯子上，分别得到杯子外壁和内壁上的两条封闭曲线，如图8-29所示；再删除外壁上的封闭曲线，如图8-30所示。

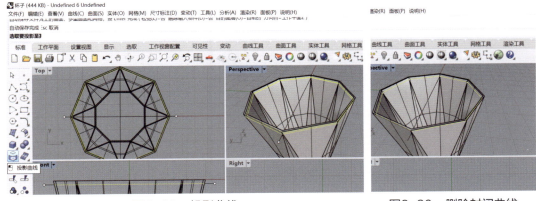

图8-29　投影曲线　　　　　　　　　　　图8-30　删除封闭曲线

⑩ 使用"隐藏物件"命令将杯子等物体隐藏，保留两条封闭曲线，如图8-31所示；然后使用"偏移曲线""移动"等命令完成6个八边形的绘制，如图8-32所示。

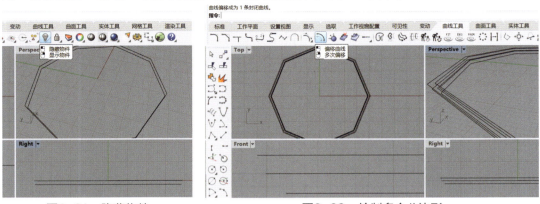

图8-31　隐藏物件　　　　　　　　　图8-32　绘制多个八边形

⑪ 使用"指定三或四个角建立曲面""以平面曲线建立曲面"和"放样"等命令建立曲面，如图8-33所示；使用"组合"命令将所有曲面组合在一起，选取所有曲线并隐藏，使用"渲染模式"，如图8-34所示。

图8-33　完成杯盖底面　　　　　　　图8-34　查看杯盖底面效果

⑫ 使用"多重直线"命令绘制杯盖上喜鹊的框架，如图8-35所示；使用"指定三或四个角建立曲面"命令捕捉直线端点绘制曲面，如图8-36所示。

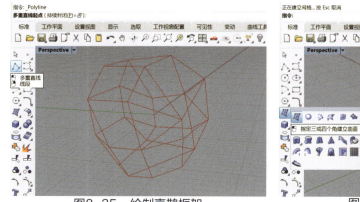
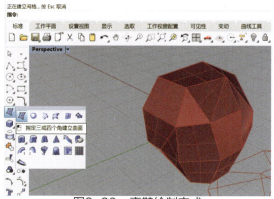

图8-35　绘制喜鹊框架　　　　　　　图8-36　喜鹊绘制完成

⑬ 使用"缩放工具"和"移动"工具调整喜鹊的大小和位置，如图8-37所示；使用"球体"和"锥化"命令完成杯子把手的制作，如图8-38所示。

图8-37 查看喜鹊效果　　　　　　　　　　图8-38 绘制把手

⑭ 删除不需要的曲线和曲面，导出文件"喜上眉梢杯.3ds"，如图8-39和图8-40所示。

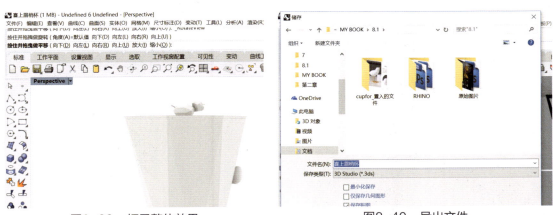

图8-39 杯子整体效果　　　　　　　　　　图8-40 导出文件

⑮ 打开KeyShot程序导入文件"喜上眉梢杯.3ds"并制作贴图、添加材质进行渲染，如图8-41和图8-42所示。

图8-41 将文件用KeyShot打开　　　　　　图8-42 添加材质进行渲染

◎ 8.1.5 绘包装

喜上眉梢杯的外包装为松木盒子，使用AI软件绘制松木盒子上不干胶贴纸的图形图案，如图8-43所示。小批量的制作可以用A4纸大小的不干胶进行打印，然后裁剪并粘贴在定制的松木盒子和茶叶罐上，茶叶罐可以放置在杯子内，如图8-44所示。

图8-43　用AI绘制包装上的不干胶贴纸图案

（a）裁剪不干胶　　　　　（b）粘贴在定做的松木盒子上　　　　（c）粘贴在茶叶罐上

图8-44　在包装上粘贴不干胶

◎ 8.1.6 实物制作

① 陶瓷模具制作师傅根据效果图完成模种的制作，如图8-45所示。接下来制作石膏模具，如图8-46所示。

② 先进行泥浆浇筑，如图8-47和图8-48

图8-45　模种

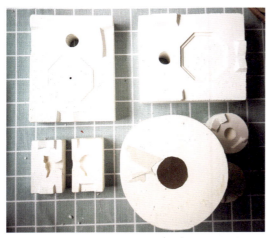

图8-46　石膏模具

图8-47　泥浆浇筑前

所示，然后进行素烧。素烧是先烧陶瓷生坯的一道工序。陶瓷有二次烧成者，先素烧器坯，然后施釉，再次入窑烧成。釉是覆盖在陶瓷制品表面的无色或有色的玻璃质薄层，是用矿物原料（长石、石英、滑石、高岭土等）和原料按一定比例配合，经过研磨制成釉浆施于坯体表面，经一定温度煅烧而成。目的是增加坯体的机械强力，使其不易损坏。在素烧坯上施釉还可使坯体不致因浸湿而散裂，提高正品率，减少废品和次品率。

③ 烧制后的素坯，效果如图8-49和图8-50所示。

图8-48　泥浆浇筑后

图8-49　素坯效果一

图8-50　素坯效果二

④ 第一次上釉烧制，效果如图8-51所示。

图8-51　第一次上釉烧制效果

⑤ 给瓷杯局部进行描金，描金后再次烧制（图8-52）。所谓"描金"是将金粉或金水运用于瓷器的装饰图案与边线上，展示出华贵的气质，是陶瓷艺术中的一大特色，加上描金工艺的杯子瞬间变得华丽而又雅致。

图8-52　第二次上釉加描金烧制效果

◎ 8.1.7　绘版面

拍摄实物并绘制版面，如图8-53和图8-54所示。

图8-53　喜上眉梢杯版面一

碧螺春到 喜上眉梢

图8-54　喜上眉梢杯版面二

－喜上眉梢杯－

汉服雨衣

8.2 汉服雨衣

◎ 8.2.1　"观"

（1）观文化元素

在传统文化复兴的推动下，街道上身着汉服的人越来越多了，尤其是在旅游景区，汉服更是一道别样的风景。

苏州博物馆内工艺精湛的织绣服饰如图8-55所示。汉服的款式和博物馆馆藏的传统服饰上的吉祥纹样，在"汉服热"的当下都是非常好的文创设计内容来源，如图8-56所示。

图8-55　苏州博物馆内的织绣服饰

图8-56　服饰上的吉祥纹样

（2）观用户

由于汉服不太便于日常的出行，部分喜爱者觉得穿着起来比较另类。再考虑到地域因素，苏州是个园林众多的城市，园林和小桥流水的街巷都是非常适合穿着汉服并进行拍摄的场景，如图8-57和图8-58所示。经常可以看到很多游客特地穿着汉服前来拍摄，因此，园林景区门口有很多商家售卖改良汉服。

图8-57　汉服拍摄一
（地点：耦园）

图8-58　汉服拍摄二
（地点：苏州平江路）

◎ 8.2.2 "思"

下雨天游览苏州园林是一件非常雅致的事情，但是十分影响照片拍摄和游览体验。一件汉服雨衣就可以延续雅致、提升体验，还让平时觉得穿着汉服比较另类的用户有了穿着的理由，起到传播汉服文化及吉祥文化的作用。

设计中可以保留汉服最显著的特点——交领右衽，同时进行改良，运用TPU（热塑性聚氨酯弹性体橡胶）面料制作汉服雨衣。从苏州博物馆馆藏的服饰上提取吉祥纹样制作透明不干胶，让用户可以选择喜欢的纹样和方式进行雨衣装饰。这不单是一件文创产品，还是一件下雨天游览园林的必备神器。

◎ 8.2.3 绘款式图

① 以朱子深衣作为改良设计的基础。启动AI程序，执行菜单栏中的"文件""新建"命令，弹出"新建文档"对话框，命名为"朱子深衣"，页面取向为"横向"，大小为"A4"，单击"确定"按钮。接着执行菜单栏中的"视图""标尺""显示标尺"命令，用鼠标单击上方和左方的标尺栏，按住鼠标左键，从上往下、从左往右拖动鼠标，添加十条辅助线，确定衣长、领高、肩线等位置。继续使用钢笔工具在辅助线的基础上绘制路径，如图8-59所示。使用锚点工具调整路径造型并填充白色，如图8-60所示。

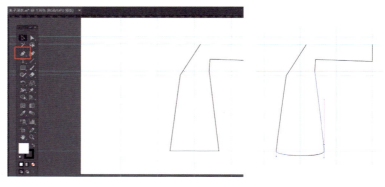

图8-59　新建文件并绘制辅助线　　　图8-60　调整锚点

② 使用"钢笔"工具和"锚点"工具在辅助线和衣身基础上绘制路径，如图8-61所示。为绘制的路径填充黑色，得到衣领和衣缘效果，如图8-62所示。

图8-61　绘制衣身和衣缘　　　图8-62　填充衣缘

③ 使用"矩形"工具绘制袖口，如图8-63所示，并填充黑色，如图8-64所示。

图8-63　绘制袖子　　　　　　　　　　　　　　　图8-64　填充袖子

④ 使用"选择"工具选择所有图形，执行菜单栏中的"对象""变换""对称"命令，如图8-65所示，弹出如图8-66所示的镜像对话框，单击"复制"按钮，效果如图8-67所示。

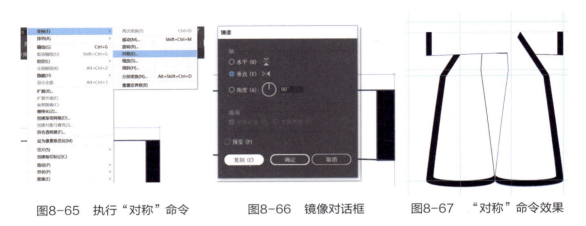

图8-65　执行"对称"命令　　　图8-66　镜像对话框　　　图8-67　"对称"命令效果

⑤ 用左右方向键把镜像出的图形向左平移到如图8-68所示的位置，使用"锚点"工具调整领口，如图8-69所示。

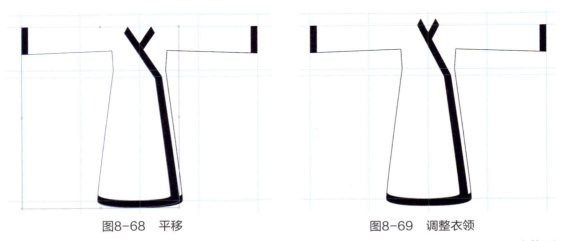

图8-68　平移　　　　　　　　　　　　　　　图8-69　调整衣领

⑥ 使用"钢笔"工具绘制后领部分，如图8-70所示。将后领填充为黑色，继续使用"钢笔"工具连接衣领和袖口，绘制出完整的衣袖。执行菜单栏中的"视图""参考线""清除参考线"，如图8-71所示。

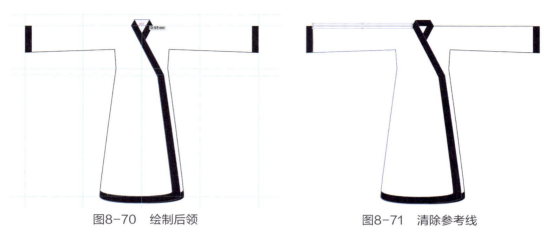

图8-70　绘制后领　　　　　　　　图8-71　清除参考线

⑦ 调整出汉服右衽的特征，选择衣领和衣缘部分，执行菜单栏中的"对象""排列""置于底层"，得到如图8-72的效果。为了让衣领部分的色彩区分开，给上层部分的衣领和衣缘加上白色描边，如图8-73所示。

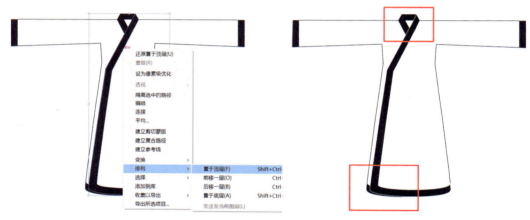

图8-72　调整物体前后位置　　　　　图8-73　描边

⑧ 使用"钢笔"工具在两侧的衣袖上绘制分割线，在属性中设置轮廓描边为1pt（1pt=0.351mm，下同），如图8-74所示。继续使用"钢笔"工具在腰部和下裳的位置绘制分割线，在属性中设置轮廓描边为1pt，如图8-75所示。

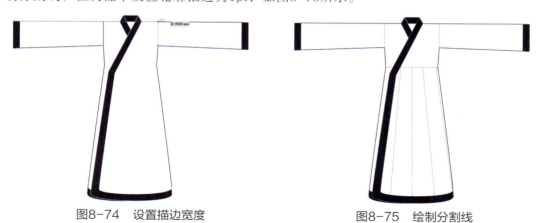

图8-74　设置描边宽度　　　　　　　图8-75　绘制分割线

⑨ 使用"钢笔"工具沿着腰部的分割线绘制出封闭的图形，填充黑色，并设置白色的轮廓线，如图8-76所示。使用"钢笔"工具和"锚点"工具绘制出配套的雨帽，并铺设灰色的背景，如图8-77所示。

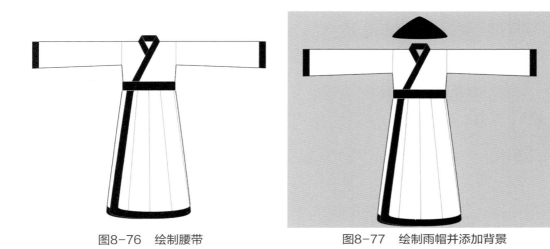

图8-76 绘制腰带 图8-77 绘制雨帽并添加背景

◎ 8.2.4 绘纸样

这里的纸样是指根据设计的款式和尺寸要求，通过专业的计算把组成汉服的裁片先画出来，以便于之后的裁剪。纸样绘制完后，根据人的身高等比例调整，并打印出来。如图8-78所示，就是在AI软件中绘制出的汉服雨衣的纸样图。纸样由上衣、下裳、袖子、领缘、侧缘、下摆衣缘和袖口这几部分组成，裁剪时可根据数量需求重复使用。

雨衣以朱子深衣为基础进行改良设计，基本组成和深衣一致，是上衣和下裳分裁的直筒式长衫，衣、裳在一起可包住身体，将人体掩蔽严实，这也是衣裳被称作"深衣"的原因，这样的式样也非常适合运用在雨衣的设计上。

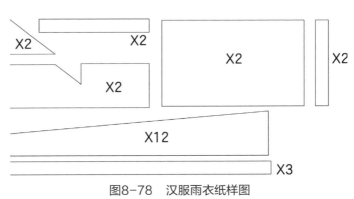

图8-78 汉服雨衣纸样图

◎ 8.2.5 绘吉祥纹样

启动AI程序，使用"钢笔"工具绘制完成纹样，如图8-79所示，并打印在不干胶材质上。

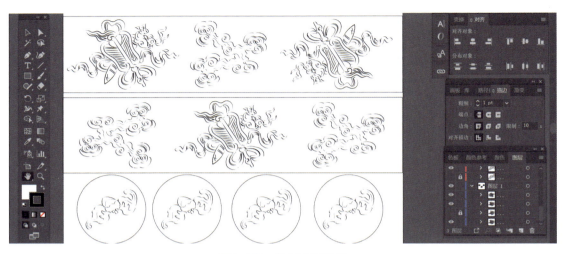

图8-79　绘制吉祥纹样

◎ 8.2.6　实物制作

　　这里的制作只是单件的制作，如果较多数量和更高质量的制作，还是应该请专业的厂家完成。TPU是一种新型环保材料，非常适于制作防水类服装、创意服装、防水手袋以及手袋的透明防水层。因此，用来制作汉服雨衣非常合适，如图8-80所示。

　　那么如何加工TPU呢？可以使用专用双面热熔胶带，如图8-81所示，这种胶带可以黏合TPU与其他材质。此外，如果不借助双面热熔胶带，掌握好熨斗的温度也可以直接通过熨烫将其黏合。

图8-80　TPU面料

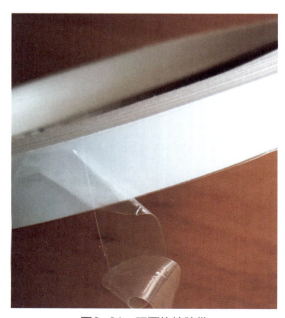

图8-81　双面热熔胶带

将绘制完的纸样进行打印和裁剪，然后根据纸样裁剪TPU面料，如图8-82所示。

使用熨斗将裁剪好的TPU进行"缝合"，如图8-83所示。本例中是以10岁的儿童为目标用户设计制作完成的汉服雨衣。

图8-82　根据纸样裁剪TPU面料

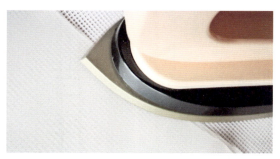

图8-83　使用熨斗熨烫黏合TPU

◎ 8.2.7　绘版面

① 第一个版面，由文创产品的整体图和设计说明构成，让观者对产品有一个大体的了解，如图8-84所示。

图8-84　汉服雨衣版面一

② 第二个版面，从多角度展示文创产品，如图8-85所示。

③ 第三个版面，将产品的文化元素来源和图案的DIY特色进行展示和说明，如图8-86所示。

图8-85 汉服雨衣版面二

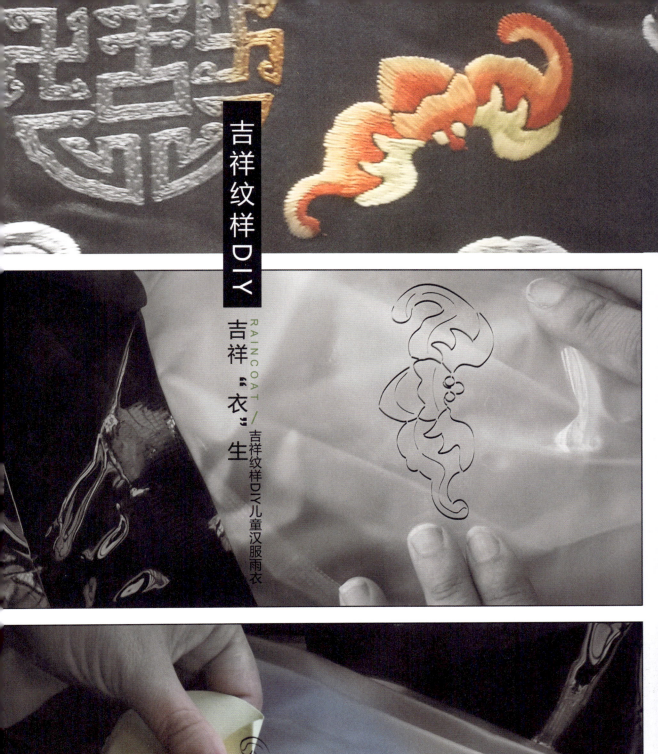

吉祥"衣"生

RAINCOAT /

吉祥纹样DIY儿童汉服雨衣

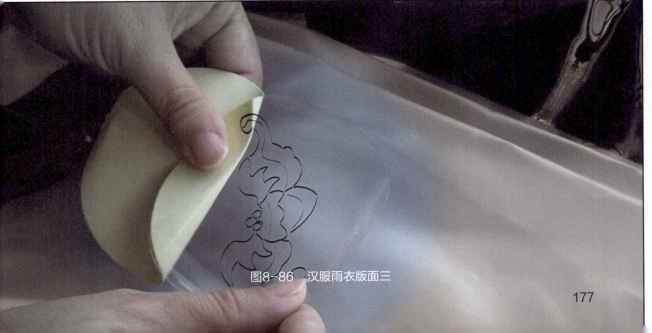

图8-86　汉服雨衣版面三

8.3  昆曲主题研学游小礼盒

昆曲主题研学游小礼盒

◎ 8.3.1 "观"

（1）观用户

2016年11月30日，教育部、国家发展和改革委员会等11部门印发《关于推进中小学生研学旅行的意见》。在这样的背景下，越来越多的消费者开始热衷去文化场馆进行游览参观，同时青少年研学游产品也开始热销起来。与普通的旅游相比，青少年研学游首先要求主题较为鲜明，对孩子更有意义，以寓教于游、增长见识、提升素质为主，而普通旅游主题一般不是特别突出，以休闲观景、放松身心为主。其次，很多青少年研学游的内容都经过了精心设计，旨在提供更具有教育意义的学习体验。而普通旅游则往往偏重大众化，其教育价值可能因内容和方式的不同而有所差异。然而，目前市场上确实存在一些所谓的"青少年研学游"项目，但它们实质上更接近于普通旅游。

（2）观昆曲文化

有着众多吴文化资源的苏州无疑可以打造并推出非常多的青少年研学游产品，比如昆曲研学游。然而，实地去中国昆曲博物馆（图8-87和图8-88）观察一下，就会发现理解昆曲文化内容的博大精深，对于青少年来说是比较困难的。

图8-87　中国昆曲博物馆大门

图8-88　中国昆曲博物馆内戏台

◎ 8.3.2　"思"

想要为青少年打造一款研学游产品，让青少年喜爱上昆曲文化、了解昆曲文化知识，究竟该以怎么样的方式呢？答案就是至少要有一本有趣的研学手册。

这本研学手册首先需要根据青少年的特点对博大精深的昆曲文化内容做提取，作为一本入门级的了解昆曲文化的手册；其次，还要结合研学游不同于课堂教学的特点，指引青少年在中国昆曲博物馆中游览，进行探索性学习；再次，它还是一件有着旅游属性的文创产品，可以帮助青少年记录下这次美好的旅行；最后，返回到"观"的步骤，查阅昆曲文化资料，拍下中国昆曲博物馆内有趣的场景和物品，比较其他青少年研学游产品的优劣……

最终确定制作完成一本16页、A6大小的研学手册，并以此为核心作为IP形象，衍生开发出一系列产品并组合成一个昆曲主题研学游小礼盒。此外，考虑昆曲主题青少年研学游旅游文创产品的生命周期，可以分别从纵向和横向进行后续的开发，如纵向开发昆曲主题系列进阶版的研学手册，横向和"平江探秘"进行IP叠加，开发系列性的"平江探秘"研学游小礼盒。

◎ 8.3.3　绘制核心产品：研学手册

中国昆曲博物馆的建筑和戏曲中的生、旦、净、末、丑角色都是研学游中不可或缺的重要元素，因此它们被放在了封面，以手绘的风格进行表现，如图8-89所示。

研学手册第2页、第3页展示了馆内的研学路线，以及昆曲诞生和发展的重要时间节点与相关人物，如图8-90所示。在绘制的过程中也会发现一些问题，比如对于曲目的了解，书

图8-89　研学手册封面和封底

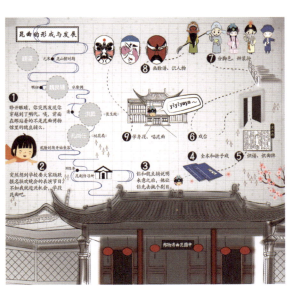

图8-90　研学手册第2页、第3页

面的文字终究不如听觉来得直观。然而网络的迅速发展
让通过一部手机来收听变得十分容易。因此，在此页添
加二维码，如图8-91，跳转后的页面如图8-92所示。
让青少年无论是在现场，还是游学前后都能通过扫码立
即听到《牡丹亭》的故事。

在研学手册第6页、第7页，通过一个探索性的
小游戏让青少年在中国昆曲博物馆找到工尺谱的答案
后填入，曲牌的知识通过漫画小场景帮助他们加强记
忆，如图8-93所示。

图8-91　研学手册第4页、第5页

图8-92　研学手册中二维码对应的公众号页面

图8-93　研学手册第6页、第7页

在中国昆曲博物馆内有一座古戏台，见证了昆曲百年间的辉煌与衰微。该古戏台构
造精美，是中国昆曲博物馆的一个主要展演场所。其后台按照《扬州画舫录》所记载的
场景恢复昆曲古戏台后台的布置原貌，是昆曲表演艺术的一种延伸。表演昆曲的时候怎
么少得了乐器的配合，研学手册上的乐器图等都可以在博物馆内找到实物，如图8-94
和图8-95所示。这样的设计让青少年以一种探索性的方式，让研学手册上的内容完整
起来。

了解昆曲必然少
不了认识昆曲里的各种
角色。昆剧的角色分工
随着表演艺术的发展，
在"生、旦、净、末、
丑"五大行当之下又可
以细分。以生为例，又
可以分为老生、巾生、
鞋皮生、雉尾生等，如

图8-94　研学手册第8页、第9页

图8-95　中国昆曲博物馆里的乐器

图8-96所示。对于青少年来说，一下子记住这些并不容易，也不是十分必要，可以挑选适量的角色，继续融入趣味性、探索性，先让青少年对这些角色感兴趣，再记住他们。图8-97和图8-98中分别介绍的是旦、净、末、丑，在最后一页还有各个关卡是否通关的记录，最后解锁学习昆曲的进阶任务。

图8-96　研学手册第10页、第11页

图8-97　研学手册第12页、第13页

图8-98　研学手册第14页、第15页

◎ 8.3.4　绘衍生文创

当核心IP形象确定后，就非常容易进行后续的衍生产品设计，衍生品的设计主要围绕昆曲主题研学游小礼盒进行，观察什么样的道具能够很好地辅助研学游的进行，思考研学游结束后怎么继续让昆曲文化不仅仅停留在青少年的研学游过程中，还要延伸到他们的日常生活中。

由此，首先设计出了印刷有昆曲角色的帆布包，如图8-99所示，可以让男生、女生分别背上印有生、旦角色图案的帆布包，这样青少年一下子就记住了他们在昆曲里所代表的性别，帆布包也非常适合在研学游过程中使用。其次，青少年在使用研学手册的过程中，如果有一个垫板会比较方便进行答题，所以设计了一个以透明有机板为封面的手账本，如图8-100所示。有机板

图8-99　帆布包

图8-100　手账本

的侧边还有刻度，可以当直尺使用。

最后还有一个比较重要的衍生品，同时它也是昆曲主题研学游小礼盒的外包装。

◎ 8.3.5 绘包装

为何说它既是衍生品又是包装呢？因为当青少年从这个包装中取出研学手册、帆布包、手账本、笔等物品之后，它立刻变成了一个收纳盒和相框，如图8-101所示。其目的之一是给青少年传达一种绿色环保设计的概念，另一个目的就是在研学游结束后，让昆曲文化延伸到青少年的日常生活中，这个收纳盒包括手账都可以在日常的学习中使用到。

整个包装盒从外向内分别由三部分组成：半封闭的纸质包装（相框）、PVC（聚氯乙烯）透明包装、带两个抽屉的纸质包装（收纳盒）。图8-102和图8-103所示为纸质包装的展开图。

图8-101　外包装

（a）旦版　　　　　　　　（b）生版

图8-102　半封闭的纸质包装展开平面图（相框）

（a）上部抽屉展开平面图

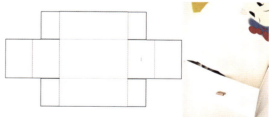

（b）下部抽屉展开平面图

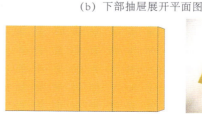

（c）上部抽屉外壳展开平面图　　　　　（d）下部抽屉外壳展开平面图

图8-103　纸质包装（收纳盒）

◎ 8.3.6　实物制作

研学手册和纸质外包装都可以通过数码打印完成制作，要注意纸张的选择。考虑到青少年要在研学手册上进行书写，所以铜版纸是不适合的。纸质外包装还有收纳盒的作用，所以需要用克数较重的纸张为材质。在收纳盒上还有一个"把手"的处理，使用的是缎带，将缎带裁剪成一定的长度，然后对折穿过纸盒上划出的缝，将缎带的两头粘贴在纸上，即形成纸盒的把手，如图8-104所示。最后将外包装的各组成部分组装成一个完整的包装。

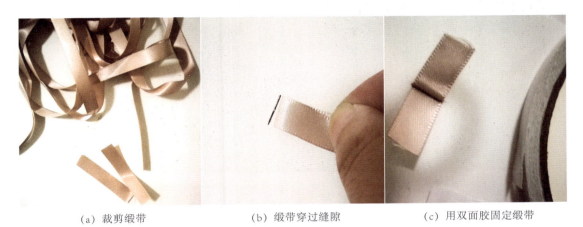

（a）裁剪缎带　　　　　　（b）缎带穿过缝隙　　　　　（c）用双面胶固定缎带

图8-104　收纳盒把手的制作

帆布包通过数码打印也可以轻松定制。而手账封面可以用亚克力定制，如图8-105所示。

图8-105　手账封面的定制

◎ 8.3.7 绘版面

拍摄实物并绘制版面，如图8-106~图8-108所示。

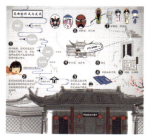

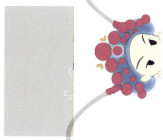

图8-106　昆曲主题研学游小礼盒版面一

中国昆曲博物馆

昆曲主题研学游小礼盒

研学游场景

平江探秘系列

❶ 研学手册

帮助青少年了解中国昆曲博物馆的昆曲知识。衍生的文创产品：有机玻璃板可以作为垫板帮助青少年完成研学手册上的答题及记录。

❷+❸+❹ 衍生产品：手账（生版、旦版）

DIY组合成手账，封面和内页图案不同，分为生版和旦版。

❺ 衍生产品：帆布抽绳背包（生版、旦版）

可以将外包装及礼盒内的产品进行收纳。

旦版

生版

图8-107　昆曲主题研学游小礼盒版面二

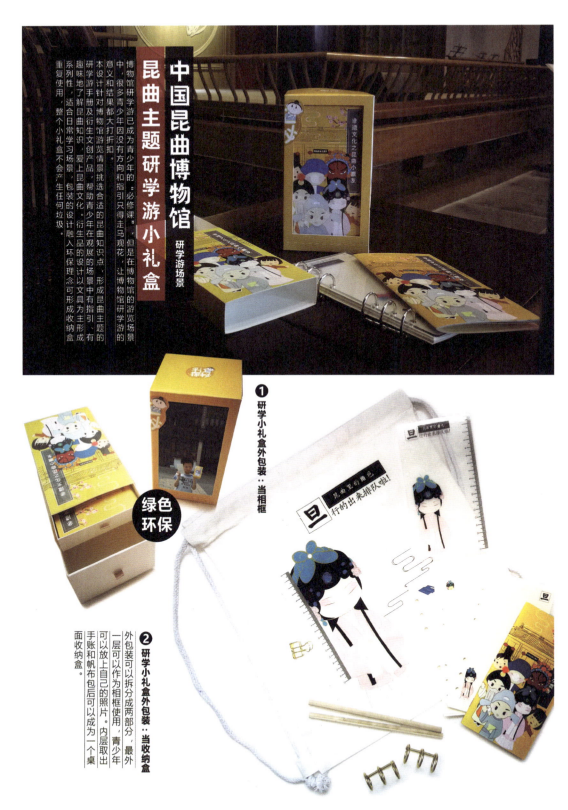

中国昆曲博物馆

昆曲主题研学游小礼盒

研学游场景

博物馆研学游已成为青少年的"必修课"，但是在博物馆的游览场景中，很多青少年因没有方向和指引只得走马观花，让博物馆研学游的意义和结果都大打折扣。

本设计针对博物馆游览情景挑选合适的昆曲知识点，形成昆曲主题的研学手册及衍生文创产品，帮助青少年在观展的场景中有指引、有趣味地了解昆曲知识，爱上昆曲文化。衍生品的设计以文具为主形成系列性，适合日常学习场景，包装的设计融入环保理念可形成收纳盒重复使用，整个小礼盒不会产生任何垃圾。

绿色环保

❶ 研学小礼盒外包装：当相框

❷ 研学小礼盒外包装：当收纳盒

外包装可以拆分成两部分，最外一层可以作为相框使用，青少年可以放上自己的照片。内层取出手账和帆布包后可以成为一个桌面收纳盒。

图8-108　昆曲主题研学游小礼盒版面三

8.4 ‖ 更多案例

◎ 8.4.1　富足有"鱼"系列文创产品

　　春节是中国人最盛大、最具吸引力的节日。在中国，春节期间人们会挂灯笼，贴年画、窗花和春联，放鞭炮，派红包，还有舞狮舞龙、拜财神等活动。这是一个祈福辟邪、亲朋团聚、欢庆吉祥的日子，满载着博大深厚的中华文化底蕴，也记录着古人多姿多彩的社会生活文化内容。

　　富足有"鱼"系列文创产品以江南地域的春节民俗文化为研究对象进行设计。图8-109所示是以大米（谷）和鱼为元素设计的IP形象，及其系列衍生产品：窗花、春联、红包、礼品袋等。图8-110所示是以江南民俗场景——贴年画、拜财神为元素设计的八音盒。

图8-109　富足有"鱼"IP形象及衍生产品（作者：李娜）

图8-110　富足有"鱼"主题八音盒效果图

◎ 8.4.2　以清代青花冰梅纹盖碗为灵感的文创产品

该设计以清代青花冰梅纹盖碗为灵感，巧妙选取与食物相关的器皿——冰格作为载体。这一选择不仅赋予了冰格新的生命，而且其本身的实用功能与冰裂纹的独特美感相得益彰，使得这款冰梅纹冰格在使用过程中散发出一种雅致的情趣。从冰格中取出冰块，放入茶杯之时，仿佛空气中都弥漫着一股淡淡的梅香（图8-111）。

图8-111　冰梅纹冰格

◎ 8.4.3　枫桥夜泊主题文创产品

该设计以苏州运河十景中的枫桥夜泊为灵感源泉，特别选取寒山寺与枫桥作为核心设计元素，共同构成了一组别致的IP形象及配套的杯垫设计，IP形象如图8-112所示。

图8-112　IP形象（作者：潘雨荣）

在IP形象设计环节，采用了简洁流畅的线条和明亮鲜活的色彩，精心塑造了一个萌态可掬的和尚形象。这一形象不仅深受年轻人喜爱，更在无形中传递出一种宁静、祥和的生活哲学。通过萌化的艺术处理，期望能在快节奏、高压力的现代生活中，为人们带去一丝轻松与愉悦。

杆垫的设计同样别具匠心，巧妙地将寒山寺、枫桥与萌化的IP形象结合在一起。每一款杆垫都精选了枫桥、寒山寺等标志性景物，通过精美的插画和故事化的场景展现，使得整个设计既富有文化内涵，又不失趣味性和生动性，如图8-113所示。

图8-113　枫桥夜泊主题杆垫

◎ 8.4.4　以传统提盒元素为灵感的文创产品

借鉴中国传统提盒的造型特征，参照其可分离的食格结构，设计出一款智能取暖器，通过模块化设计，将取暖器、身体干燥机、烘干机等功能融为一体。该设计采用分层式结构，最底部为取暖器，既可给室内取暖，又可通过底部滚轮推入浴室，吹干洗澡后浴室的潮湿地面。中间层为身体干燥机，可分离取出，置于地面，当冬天洗完澡走出淋浴房，可踩于干燥机之上，迅速吹干身体，防止着凉。最上层为烘干机，可用于烘干内衣等。该设计整体采用光亮瓷白色，下层为蓝底加白色方胜纹，每层边缘镶有金边，提篮把手和底座采用仿木纹机理，增加亲和质感。取名"合·和"，既凸显产品模块化的功能和结构，又寓意对生活和和美美的追求和向往，如图8-114所示。

图8-114　"合·和"——基于传统提盒元素的取暖器（作者：梁嘉妮）

◎ 8.4.5　以南京栖霞山文化为主题的文创产品

本设计是以南京栖霞山文化为主题的茶具套件设计。其中，茶杯提取的是栖霞山千佛岩元素；茶叶罐提取的是栖霞山大佛阁元素；茶壶提取的是栖霞寺舍利塔元素；托盘是以栖霞枫叶为造型。该方案以瓷为材质，有黑、白两套配色，同时在图案边缘贴饰金箔。整套茶具端庄素雅，让人赏心悦目，如图8-115所示。

图8-115　"雪染栖霞"茶具（作者：姜红）

◎ 8.4.6　以评弹《白蛇传》为灵感的文创产品

为了传承评弹非遗文化，用设计语言情感化地展现评弹曲目《白蛇传》的文化内涵，故设计了如图8-116所示的茶具套件。方案由主泡器、公道杯、茶杯、茶叶罐、茶盘等组成。茶盘采用评弹乐器造型，将琴弦设计成西湖中的断桥场景；主泡器、公道杯和茶叶罐三样组合成二胡琴筒造型，茶叶罐盖子的金边花纹模拟了二胡的音窗样式；公道杯放置在茶盘上时可以盛接经过茶漏过滤后的茶水；茶杯如荷叶一般摇曳在湖面，和断桥隔断搭配在一起，犹如白娘子与许仙相遇时的西湖美景，灰色茶盘像湖面一样波光粼粼，远处传来悠扬的评弹声。

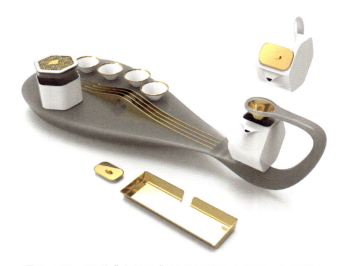

图8-116　评弹《白蛇传》情感化茶具（作者：朱波瑾）

参考文献

[1] 蒋玉秋，王艺璇，陈锋. 汉服[M]. 青岛：青岛出版社，2008.

[2] 原研哉. 设计中的设计[M]. 朱锷，译. 济南：山东人民出版社，2006.

[3] 唐纳德·诺曼. 设计心理学[M]. 梅琼，译. 北京：中信出版社，2010.

[4] 唐纳德·诺曼. 情感化设计[M]. 付秋芳，程进三，译. 北京：电子工业出版社，2005.

[5] 曹林娣. 图说苏州园林：花窗[M]. 合肥：黄山书社，2010.

[6] 王受之. 王受之讲述产品的故事[M]. 北京：中国青年出版社，2005.

[7] 高星. 中国乡土手工艺[M]. 西安：陕西师范大学出版社，2004.

[8] 张凌浩. 符号学产品设计方法[M]. 北京：中国建筑工业出版社，2011.

[9] 孙建君. 中国民间美术教程[M]. 天津：天津人民出版社，2005.

[10] 冯先铭. 中国陶瓷[M]. 上海：上海古籍出版社，2006.

[11] 蔡梦寥，蔡利民. 四季风雅：苏州节令民俗[M]. 南昌：江西人民出版社，2013.

[12] 袁升科. 吉祥剪纸：喜[M]. 郑州：河南美术出版社，2014.

[13] 钟蕾，李杨. 文化创意与旅游产品设计[M]. 北京：中国建筑工业出版社，2015.

[14] B.约瑟夫·派恩，詹姆斯·H.吉尔摩. 体验经济[M]. 毕崇毅，译. 北京：机械工业出版社，2016.

[15] 韩布伟. 泛娱乐战略[M]. 长春：北方妇女儿童出版社，2016.

[16] 布瑞恩·索利斯. 体验：未来业务新场景[M]. 谢绍东，刘声峰，李黎，译. 北京：电子工业出版

社，2016.

[17] 王卫平，王建华. 苏州史记[M]. 苏州：苏州大学出版社，2007.

[18] 戴京京. 超级IP：互联网时代如何打造爆款[M]. 北京：清华大学出版社，2017.

[19] 萧放. 二十四节气与民俗[J]. 装饰，2015（4）：12-17.

[20] 杨玲，李洋，陆冀宁. 面向地域文化的系列化产品创意设计[J]. 包装工程，2015，36（22）：100-103.

[21] 费尔南多·胡利安，赫苏斯·阿尔瓦拉辛. 产品手绘[M]. 朱海辰，译. 北京：人民美术出版社，2015.

[22] 戴力农. 设计调研[M]. 北京：电子工业出版社，2014.

[23] 董雪莲. 中国传统吉祥图案在现代设计中的创新与应用研究[D]. 济南：山东大学，2008.

[24] 张道一. 吉祥文化论[M]. 重庆：重庆大学出版社，2011.

[25] 吴钩. 风雅宋：看得见的大宋文明[M]. 桂林：广西师范大学出版社，2018.

[26] 沈婷，郭大泽. 文创品牌的秘密[M]. 南宁：广西美术出版社，2017.

[27] 计成. 园冶（手绘彩图修订版）[M]. 倪泰一，译注. 重庆：重庆出版社，2017.

[28] 文震亨. 长物质（手绘彩图修订版）[M]. 胡天寿，译注. 重庆：重庆出版社，2017.

[29] 柴建华. 中华文化解码：文房四宝——书写工具与文化的呼应[M]. 西安：未来出版社，2018 .

[30] 陈从周. 园林清话[M]. 上海：中华书局，2017.

[31] 洛可可创新设计学院. 产品设计思维[M]. 北京：电子工业出版社，2016.

[32] 野岛刚. 故宫物语[M]. 张惠君，译. 上海：上海译文出版社，2018.

[33] 文化和旅游部. 文化文物单位文化创意产品开发案例集[M]. 北京：文化艺术出版社，2018.

[34] 付志勇，夏晴. 设计思维工具手册[M]. 北京：清华大学出版社，2021.